이 책의 구성

도입부

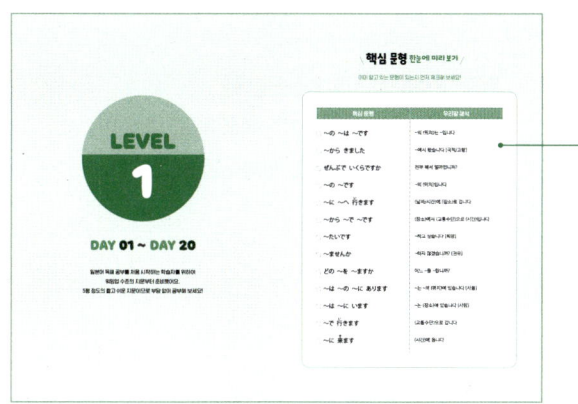

핵심 문형 한눈에 미리 보기
독해 지문에 사용된 문형 중에서 꼭 알아두어야 할 핵심 문형만을 학습하기 전에 미리 보여주어 지문의 내용을 이해하기 쉽습니다.

지문 읽기 / 독해 학습

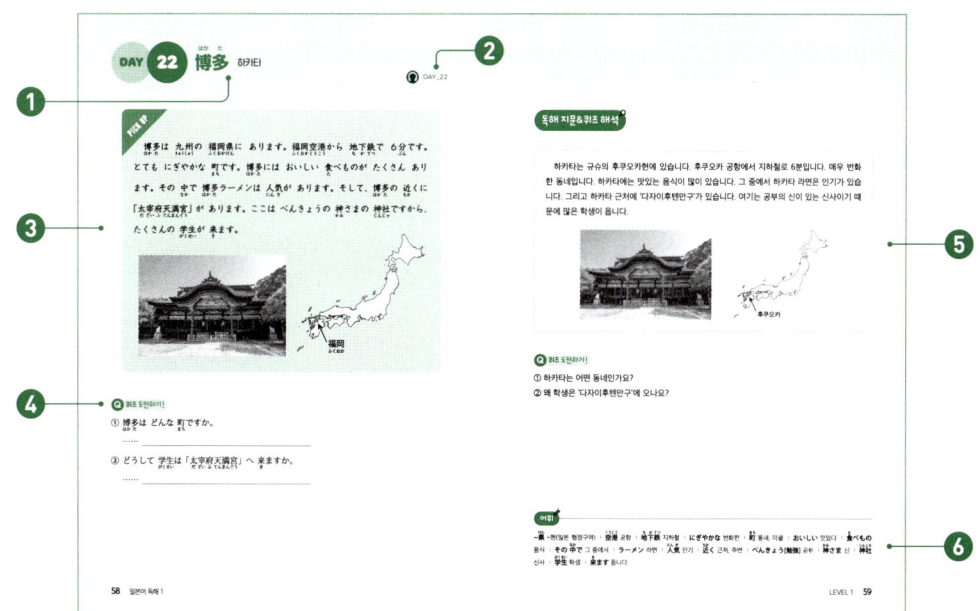

① 지문의 일본어/한국어 제목 독해 학습을 시작하기 전에 지문의 내용을 쉽게 파악할 수 있도록 일본어 제목과 한국어 제목을 함께 제시했습니다.

② 지문의 음원MP3 일본 현지에서 제작한 음원을 통해 생생한 일본어를 들을 수 있습니다.

③ 독해 지문 다양한 생활 속 테마의 쉽고 재미있는 내용으로 구성했습니다.

④ 퀴즈 도전하기 지문 내용에 관한 이해도를 체크해 볼 수 있는 퀴즈를 실었습니다.

⑤ 지문/퀴즈 도전하기 해석 독해 학습에 도움이 되는 우리말 해석을 함께 제시했습니다.

⑥ 지문/퀴즈 도전하기 어휘 지문은 물론이고 퀴즈에 사용된 어휘까지 빠짐없이 정리했습니다.

이 책의 구성 **3**

특별 부록

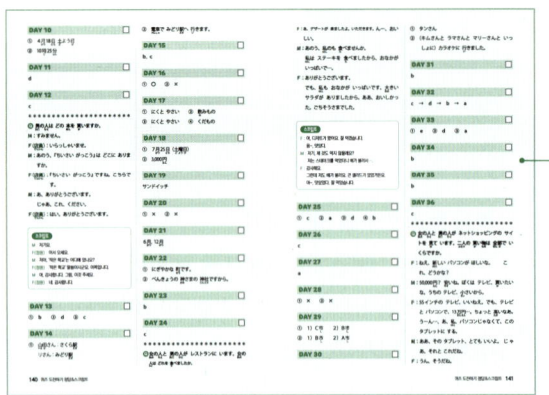

퀴즈 도전하기 정답&스크립트

퀴즈 도전하기의 정답과 함께 독해 음원의 일본어 스크립트와 우리말 해석을 함께 실었습니다.

이 책의 특징

- **특징 1** 일기, 블로그, 인스타그램, 광고, 뉴스 등의 생활 속 지문으로 흥미롭게 공부할 수 있습니다.
- **특징 2** 일본어 입문자도 가볍게 시작할 수 있도록 JLPT N4~N5 수준의 지문으로 구성하였습니다.
- **특징 3** 독해 지문의 난이도를 총 3단계의 레벨로 구성하여 부담 없는 독해 공부를 할 수 있습니다.

학습 부가 자료

꼼꼼한 독해 학습을 위해 다양하고 알찬 학습 부가 자료를 무료 다운로드로 제공합니다. (단, 해설 강의 동영상은 유료)
모든 자료는 시원스쿨 일본어 홈페이지(Japan.siwonschool.com)의 수강 신청 > 교재/MP3에서 다운로드 받을 수 있습니다.

❶ MP3파일
일본 현지에서 제작한 독해 지문 음원

❷ PDF파일
- 어휘 어휘 카드 / 독해가 술술 어휘 셀프 체크리스트
- 문형 문형 카드 / 포인트만 쏙쏙 문형 셀프 체크리스트

❸ 동영상
DAY별 독해 지문의 해설 강의 (유료)

생생한 문장으로
히라가나부터 JLPT N3까지
한 번에!

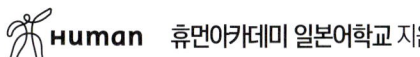 휴먼아카데미 일본어학교 지음

日本語 読解

일본어 독해

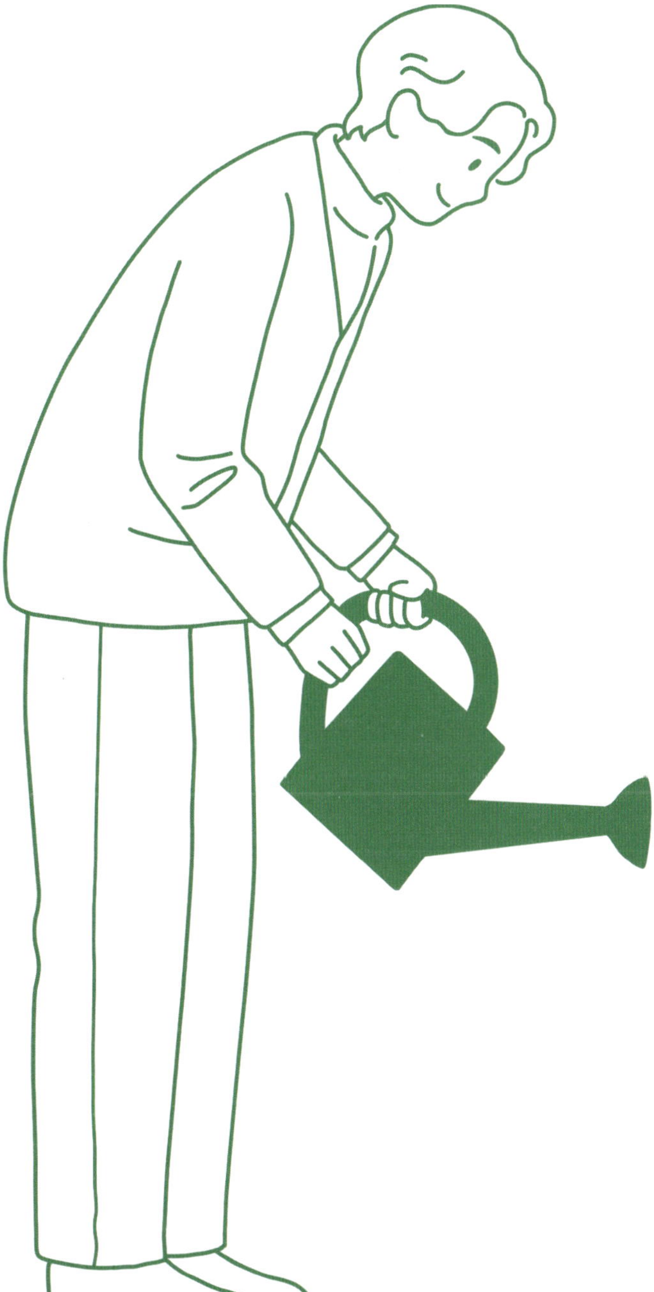

1

지은이
휴먼아카데미 일본어학교   https://hajl.athuman.com/

휴먼아카데미 일본어학교는 1987년에 오사카교, 1991년에 도쿄교, 2015년에는
일본 최초 산학관 연계 일본어 교육 기관인 사가교를 개교했다.
일본어 교육 프로그램을 일본 및 아시아, 유럽 등의 해외에 제공하고 있다.
그룹 모회사인 휴먼홀딩스는 2004년 JASDAQ에 상장했다.
전일제, 직장인, 아동 로봇교실, 컬처 스쿨, 일본어, 해외 유학 등의 다채로운
교육 사업을 일본 전국의 주요 도시뿐만 아니라 해외에도 펼치고 있다.

집필
쓰지 가즈코 辻 和子   휴먼아카데미 일본어학교 도쿄교 교장
가쓰라 미호 桂 美穂   휴먼아카데미 일본어학교 도쿄교 상근 강사

사진 제공
PIXTA 외

1日10分 初級からはじめる 読解120 ©2020 Human Academy Co.,Ltd.
Originally Published in Japan by ASK Publishing Co., Ltd., Tokyo

日本語 読解 1
일본어 독해 1

초판 1쇄 발행 2025년 11월 28일

지은이 휴먼아카데미 일본어학교
펴낸곳 (주)에스제이더블유인터내셔널
펴낸이 양홍걸 이시원

홈페이지 www.siwonschool.com
주소 서울시 영등포구 영신로 166 시원스쿨
교재 구입 문의 02)2014-8151
고객센터 02)6409-0878

ISBN 979-11-7550-044-0 13730
Number 1-310303-31313100-02

이 책은 저작권법에 따라 보호받는 저작물이므로 무단복제와 무단전재를 금합
니다. 이 책 내용의 전부 또는 일부를 이용하려면 반드시 저작권자와 ㈜에스제
이더블유인터내셔널의 서면 동의를 받아야 합니다.

목차

LEVEL 1

☐ DAY 01-1	ひらがな・カタカナ	히라가나・가타카나	10
☐ DAY 01-2	日本の地名	일본의 지명	12
☐ DAY 02-1	あしたの天気	내일의 날씨	14
☐ DAY 02-2	週間天気	주간 날씨	16
☐ DAY 03	人の位置	인물의 위치	18
☐ DAY 04	自己紹介	자기소개	20
☐ DAY 05	今夜の天気	오늘 밤의 날씨	22
☐ DAY 06	日本の飲み物	일본의 음료	24
☐ DAY 07	ランチの注文	점심 주문	26
☐ DAY 08	現在の位置	현재의 위치	28
☐ DAY 09	誰のかさ？	누구의 우산?	30
☐ DAY 10	今週の土曜日	이번 주 토요일	32
☐ DAY 11	メニュー選び	메뉴 고르기	34
☐ DAY 12	本のタイトル	책의 제목	36
☐ DAY 13	近くのカフェ	주변 카페	38
☐ DAY 14	目的地と時間	목적지와 시간	40
☐ DAY 15	日本語クラス	일본어 강좌	42
☐ DAY 16	私の一日	나의 하루	44
☐ DAY 17	買い物	장보기	46
☐ DAY 18	相撲の申し込み	스모 신청서	48
☐ DAY 19	新しいレストラン	새로운 레스토랑	50
☐ DAY 20	スパゲッティー	스파게티	52

LEVEL 2

☐ **DAY 21**	日本の祝日	일본의 국경일	56
☐ **DAY 22**	博多	하카타	58
☐ **DAY 23**	出張スケジュール	출장 스케줄	60
☐ **DAY 24**	ランチのメニュー	런치 메뉴	62
☐ **DAY 25**	四国	시코쿠	64
☐ **DAY 26**	冬休み	겨울 방학	66
☐ **DAY 27**	よさこい祭り	요사코이 마쓰리	68
☐ **DAY 28**	朝ごはん	아침밥	70
☐ **DAY 29**	日本の気温差	일본의 기온 차	72
☐ **DAY 30**	カラオケ	노래방	74
☐ **DAY 31**	部屋の片付け	방 정리	76
☐ **DAY 32**	本の借り方	책 빌리는 법	78
☐ **DAY 33**	海遊び	바다 놀이	80
☐ **DAY 34**	公園のルール	공원의 규칙	82
☐ **DAY 35**	目的地への行き方	목적지로 가는 법	84
☐ **DAY 36**	ネットショッピング	인터넷 쇼핑	86
☐ **DAY 37**	ホームステイ	홈스테이	88
☐ **DAY 38**	SNSプロフィール	SNS 프로필	90
☐ **DAY 39**	公園の特徴	공원의 특징	92
☐ **DAY 40**	友チョコ	우정 초콜릿	94

LEVEL 3

- [ ] **DAY 41** 業務リスト 업무 리스트 … 98
- [ ] **DAY 42** 迷子 미아 … 100
- [ ] **DAY 43** 電子レンジ料理 전자레인지 요리 … 102
- [ ] **DAY 44** 日本の温泉 일본의 온천 … 104
- [ ] **DAY 45** 友達のお願い 친구의 부탁 … 106
- [ ] **DAY 46** 動物の鳴き声 동물의 울음소리 … 108
- [ ] **DAY 47** いちご狩り 딸기 따기 … 110
- [ ] **DAY 48** プレゼントチケット 선물 티켓 … 112
- [ ] **DAY 49** 入学のお祝い 입학 축하 … 114
- [ ] **DAY 50** イベントの案内 이벤트 안내 … 116
- [ ] **DAY 51** 自転車旅行 자전거 여행 … 118
- [ ] **DAY 52** 健康ドリンク 건강 음료 … 120
- [ ] **DAY 53** 悩み相談 고민 상담 … 122
- [ ] **DAY 54** フラミンゴ 플라밍고 … 124
- [ ] **DAY 55** ウミガメ 바다거북 … 126
- [ ] **DAY 56** 勉強と音楽 공부와 음악 … 128
- [ ] **DAY 57** ダウンロード 다운로드 … 130
- [ ] **DAY 58** 理由と状況 이유와 상황 … 132
- [ ] **DAY 59** カルチャーセンター 문화센터 … 134
- [ ] **DAY 60** 料理教室 요리학원 … 136

특별 부록 퀴즈 도전하기 정답 & 스크립트 … 139

DAY 01 ~ DAY 20

일본어 독해 공부를 처음 시작하는 학습자를 위하여
워밍업 수준의 지문부터 준비했어요.
5행 정도의 짧고 쉬운 지문이므로 부담 없이 공부해 보세요!

핵심 문형 한눈에 미리 보기

이미 알고 있는 문형이 있는지 먼저 체크해 보세요!

핵심 문형	우리말 해석
☐ ~の ~は ~です	~의 (위치)는 ~입니다
☐ ~から きました	~에서 왔습니다 [국적/고향]
☐ ぜんぶで いくらですか	전부 해서 얼마입니까?
☐ ~の ~です	~의 (위치)입니다
☐ ~に ~へ 行きます	(날짜/시간)에 (장소)로 갑니다
☐ ~から ~で ~です	(장소)에서 (교통수단)으로 (시간)입니다
☐ ~たいです	~하고 싶습니다 [희망]
☐ ~ませんか	~하지 않겠습니까? [권유]
☐ どの ~を ~ますか	어느 ~을 ~합니까?
☐ ~は ~の ~に あります	~는 ~의 (위치)에 있습니다 [사물]
☐ ~は ~に います	~는 (장소)에 있습니다 [사람]
☐ ~で 行きます	(교통수단)으로 갑니다
☐ ~に 来ます	(시간)에 옵니다

DAY 01-1 ひらがな・カタカナ
히라가나・가타카나

か	さ	お	い	し	い
あ	り	が	と	う	ま
し	お	ん	せ	ん	せ
た	こ	ば	ご	は	ん
く	す	り	た	さ	せ
る	し	ま	ね	み	い
ま	ご	す	き	で	す
い	と	も	だ	ち	か

Q 워밍업 하기!

れい①) くるま
れい②) くすり
れい③) りんご

① かさ
② あした
③ ごはん
④ ともだち
⑤ ありがとう
⑥ せんせい
⑦ おんせん
⑧ すし

レ	ス	ト	ラ	ン	ア
ニ	ュ	ー	ス	コ	ル
ヤ	メ	エ	ト	ン	バ
ン	ジ	ア	カ	サ	イ
チ	ョ	コ	レ	ー	ト
キ	ギ	ン	ン	ト	ヌ
ン	ン	タ	ダ	ン	ス
ウ	グ	メ	ー	ル	エ

⑨ レストラン
⑩ ニュース
⑪ チョコレート
⑫ メール
⑬ ダンス
⑭ アルバイト
⑮ ジョギング
⑯ ギター

독해 지문&퀴즈 해석

카	사	오	이	시	이
아	리	가	토	우	마
시	오	응	세	응	세
타	코	바	고	하	응
쿠	스	리	타	사	세
루	시	마	네	미	이
마	고	스	키	데	스
이	토	모	다	치	카

Q 워밍업 하기!

예①) 차, 자동차

예②) 약

예③) 사과

① 우산

② 내일

③ 밥

④ 친구

⑤ 고마워

⑥ 선생님

⑦ 온천

⑧ 초밥

레	스	토	라	응	아
니	유	―	스	코	루
야	메	에	도	응	바
응	지	아	카	사	이
치	요	코	레	―	토
키	기	응	응	토	누
응	응	타	다	응	스
우	구	메	―	루	에

⑨ 레스토랑, 식당

⑩ 뉴스

⑪ 초콜릿

⑫ 메일

⑬ 댄스, 춤

⑭ 아르바이트

⑮ 조깅

⑯ 기타

어휘

あした[明日] 내일 | **ごはん[ご飯]** 밥 | **ともだち[友達]** 친구 | **せんせい[先生]** 선생님 | **おんせん[温泉]** 온천 | **すし[寿司]** 스시, 초밥

DAY 01-2 日本の地名 일본의 지명

Q 워밍업 하기!

れい) 北海道
ほっかいどう

① 東京
とうきょう

② 大阪
おおさか

③ 佐賀
さが

④ 京都
きょうと

⑤ 宮城
みやぎ

⑥ 広島
ひろしま

⑦ 新潟
にいがた

⑧ 沖縄
おきなわ

⑨ 愛知
あいち

⑩ 高知
こうち

독해 지문&퀴즈 해석

Q 워밍업 하기!

예) 홋카이도

① 도쿄
② 오사카
③ 사가
④ 교토
⑤ 미야기
⑥ 히로시마
⑦ 니가타
⑧ 오키나와
⑨ 아이치
⑩ 고치

어휘

青森[あおもり] 아오모리 ｜ 長野[ながの] 나가노 ｜ 千葉[ちば] 지바 ｜ 奈良[なら] 나라 ｜ 静岡[しずおか] 시즈오카 ｜ 福岡[ふくおか] 후쿠오카 ｜ 長崎[ながさき] 나가사키

DAY 02-1 あしたの天気 내일의 날씨

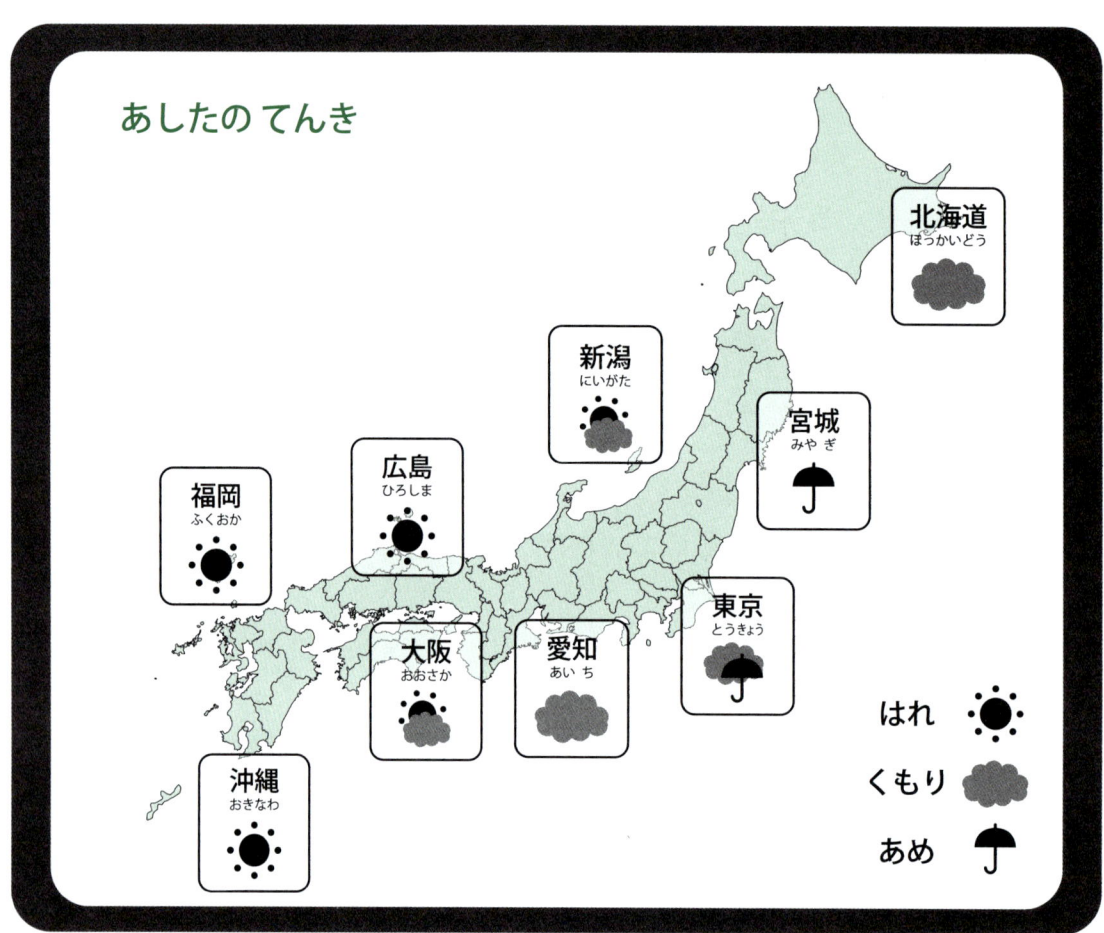

Q 워밍업 하기! どちらですか。

① 宮城は (a くもりです / b あめです)。

② 広島は (a はれです / b あめです)。

③ 愛知は (a はれです / b くもりです)。

독해 지문&퀴즈 해석

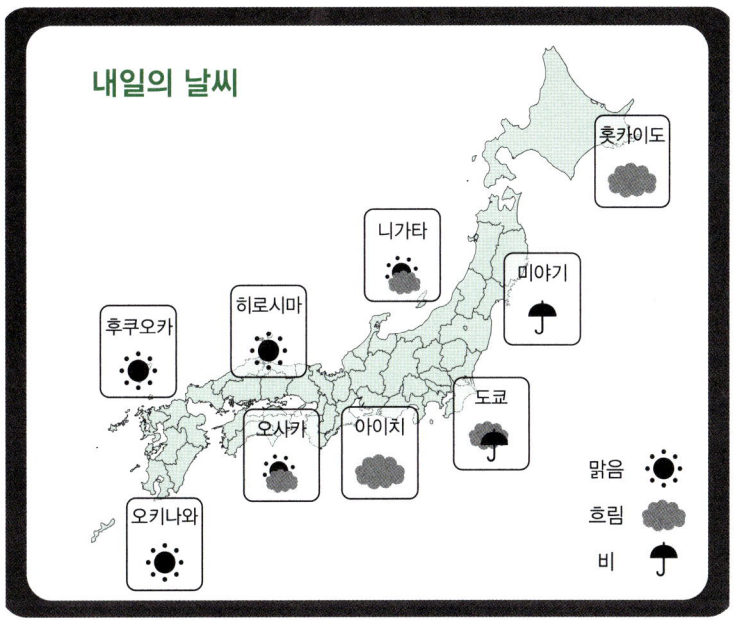

Q 워밍업 하기! 어느 쪽인가요?

① 미야기는 (a 흐립니다 / b 비가 옵니다).
② 히로시마는 (a 맑습니다 / b 비가 옵니다).
③ 아이치는 (a 맑습니다 / b 흐립니다).

어휘

あした[明日] 내일 ｜ てんき[天気] 날씨 ｜ はれ[晴れ] 맑음 ｜ くもり[曇り] 흐림 ｜ あめ[雨] 비

DAY 02-2 週間天気 주간 날씨

週間天気　6月2日(月) ～ 6月8日(日)

日付	2(月)	3(火)	4(水)	5(木)	6(金)	7(土)	8(日)
天気	☀	⛅	☂	☁	☂	☂	☂
降水確率(%)	10	20	60	50	70	90	100
気温 (℃) 最高	28	26	26	30	28	27	28
気温 (℃) 最低	19	18	21	23	23	21	23

Q 워밍업 하기!

例1) 6月8日の 降水確率は 何パーセントですか。……　__100__ %

例2) 6月3日の 気温は 何度ですか。……　__18__ ℃ ～ __26__ ℃

① 6月4日の 降水確率は 何パーセントですか。……　_____%

② 6月7日の 気温は 何度ですか。……　_____℃ ～ _____℃

독해 지문&퀴즈 해석

주간 날씨   6월 2일 (월) ~ 6월 8일 (일)

날짜	2(월)	3(화)	4(수)	5(목)	6(금)	7(토)	8(일)
날씨	☀	⛅	☔	☁	☔	☂	☂
강수 확률(%)	10	20	60	50	70	90	100
기온(℃) 최고	28	26	26	30	28	27	28
기온(℃) 최저	19	18	21	23	23	21	23

Q 워밍업 하기!

예1) 6월 8일의 강수 확률은 몇 퍼센트인가요?
예2) 6월 3일의 기온은 몇 도인가요?

① 6월 4일의 강수 확률은 몇 퍼센트인가요?
② 6월 7일의 기온은 몇 도인가요?

어휘

週間天気(しゅうかんてんき) 주간 날씨 | 日付(ひづけ) 날짜 | 天気(てんき) 날씨 | 降水確率(こうすいかくりつ) 강수 확률 | 気温(きおん) 기온 | 最高(さいこう) 최고 | 最低(さいてい) 최저 | パーセント 퍼센트(%) | ~度(ど) ~도(℃)

DAY 03 人の位置 인물의 위치

Q 워밍업 하기!　a～fの どの 人ですか。

例) いちばん みぎは ともさんです。　　　(f)

① ともさんの となりは リュウさんです。　(　)
② リュウさんの うしろは あいさんです。　(　)
③ あいさんの となりは シキさんです。　　(　)
④ シキさんの まえは さゆりさんです。　　(　)
⑤ さゆりさんの ひだりは オウさんです。　(　)

독해 지문&퀴즈 해석

Q 워밍업 하기! a~f 중 어느 사람인가요?

예) 가장 오른쪽은 도모 씨입니다.

① 도모 씨의 바로 옆은 류 씨입니다.
② 류 씨의 뒤는 아이 씨입니다.
③ 아이 씨의 바로 옆은 시키 씨입니다.
④ 시키 씨의 앞은 사유리 씨입니다.
⑤ 사유리 씨의 왼쪽은 오우 씨입니다.

어휘

ひと
人 사람 | いちばん[一番] 가장, 제일 | ~さん ~씨 | みぎ[右] 오른쪽 | となり[隣] 바로 옆 | うしろ[後ろ] 뒤 | まえ[前] 앞 | ひだり[左] 왼쪽

DAY 04 自己紹介 자기소개

🎧 DAY_04

TSUNAGU Dormitoryの あたらしい がくせい

グエン バン フイさん

はじめまして。グエン バン フイです。
ＨＡだいがくの がくせいです。
ベトナムから きました。
どうぞ よろしく おねがいします。

Q 퀴즈 도전하기!   ○ですか。×ですか。

① (　　　) フイさんは だいがくの せんせいです。

② (　　　) フイさんの くには ベトナムです。

독해 지문&퀴즈 해석

TSUNAGU Dormitory의 새로운 학생

구엔 반 후이 씨

처음 뵙겠습니다. 구엔 반 후이입니다.
HA대학교 학생입니다.
베트남에서 왔습니다.
아무쪼록 잘 부탁드립니다.

Q 퀴즈 도전하기! O인가요? X인가요?

① 후이 씨는 대학교 선생님입니다.
② 후이 씨의 나라는 베트남입니다.

어휘

あたらしい[新しい] 새롭다 | **がくせい[学生]** 학생 | **~さん** ~씨 | **はじめまして** 처음 뵙겠습니다 | **だいがく[大学]** 대학교 | **ベトナム** 베트남 | **~から** ~에서, ~으로부터 | **どうぞ** 아무쪼록, 부디 | **よろしく おねがいします** 잘 부탁드립니다 | **せんせい[先生]** 선생님 | **くに[国]** 나라

DAY 05 今夜の天気 오늘 밤의 날씨

DAY_05

Q 퀴즈 도전하기! ○ですか。×ですか。

① (　　　) いま、よるです。

② (　　　) きょうの よるは いい てんきです。

독해 지문&퀴즈 해석

Q 퀴즈 도전하기! O인가요? X인가요?

① 지금(은) 밤입니다.
② 오늘 밤은 날씨가 좋습니다.

어휘

おはようございます 안녕하세요(아침 인사) | **きょう[今日]** 오늘 | **いい** 좋다 | **てんき[天気]** 날씨 | **よる[夜]** 밤 | **はなび[花火]** 불꽃놀이 | **あめ[雨]** 비 | **いま[今]** 지금

DAY 06 日本の飲み物 일본의 음료

PICK UP

日本には いろいろな 国の のみものが あります。おちゃは 800年ごろに 中国から 日本へ きました。コーヒーは 1700年ごろに オランダから きました。こうちゃは 1880年ごろに イギリスから きました。みなさんの 国には どんな のみものが ありますか。

Q 퀴즈 도전하기!

① おちゃ　　・　　・イギリス　　・　　・1200年ぐらい まえ

② こうちゃ　・　　・オランダ　　・　　・300年ぐらい まえ

③ コーヒー　・　　・中国　　　　・　　・140年ぐらい まえ

독해 지문&퀴즈 해석

일본에는 여러 나라의 음료가 있습니다.
　녹차는 800년쯤에 중국에서 일본으로 왔습니다. 커피는 1700년쯤에 네덜란드에서 왔습니다. 홍차는 1880년쯤에 영국에서 왔습니다. 여러분의 나라에는 어떤 음료가 있습니까?

Q 퀴즈 도전하기!

① 녹차 •　　• 영국　　　•　　• 1200년 전쯤
② 홍차 •　　• 네덜란드 •　　• 300년 전쯤
③ 커피 •　　• 중국　　　•　　• 140년 전쯤

어휘

日本 일본 | **いろいろな** 다양한 | **国** 나라, 국가 | **のみもの[飲み物]** 음료 | **ある** 있다 | **おちゃ[お茶]** 차, 녹차 | **~年ごろ** ~년경, ~년쯤 | **中国** 중국 | **コーヒー** 커피 | **オランダ** 네덜란드 | **こうちゃ[紅茶]** 홍차 | **イギリス** 영국 | **みなさん** 여러분 | **~ぐらい** ~정도

DAY 07 ランチの注文 점심 주문

 DAY_07

LUNCH MEETINGの ひるごはんを おねがいします。

田中さん：サンドイッチ 2つ
　　　　　コーヒー 1つ

リさん：おにぎり 2つ
　　　　おちゃ 1つ

大川さん：ハンバーガー 1つ
　　　　　りんごジュース 1つ

よろしく おねがいします。　本田

おにぎり　￥100
ハンバーガー　￥300
サンドイッチ　￥200

おちゃ　￥100
コーヒー　￥200
りんごジュース　￥200

Q 퀴즈 도전하기!

ぜんぶで いくらですか。　＿＿＿＿＿＿＿円

독해 지문&퀴즈 해석

LUNCH MEETING의 점심 식사를 부탁합니다.

다나카 씨 : 샌드위치 2개
　　　　　　커피 1개(한 잔)

리 씨 : 주먹밥 2개
　　　　녹차 1개(한 잔)

오카와 씨 : 햄버거 1개
　　　　　　사과주스 1개(한 잔)

잘 부탁드립니다.　　　　　혼다

주먹밥　100엔
햄버거　300엔
샌드위치 200엔

녹차　　100엔
커피　　200엔
사과주스 200엔

Q 퀴즈 도전하기!

전부 해서 얼마인가요? _____ 엔

어휘

ひるごはん[昼ご飯] 점심밥 | **おねがいします** 부탁합니다 | **サンドイッチ** 샌드위치 | **2つ[ふたつ]** 2개 | **コーヒー** 커피 | **1つ[ひとつ]** 1개 | **おにぎり** 주먹밥 | **おちゃ[お茶]** 녹차 | **ハンバーガー** 햄버거 | **りんご** 사과 | **ジュース** 주스 | **ぜんぶ[全部]** 전부 | **円**(えん) 엔(일본 화폐 단위)

DAY 08 現在の位置 현재의 위치

🎧 DAY_08

Q 퀴즈 도전하기! めがね売り場は どこですか。 (　　)

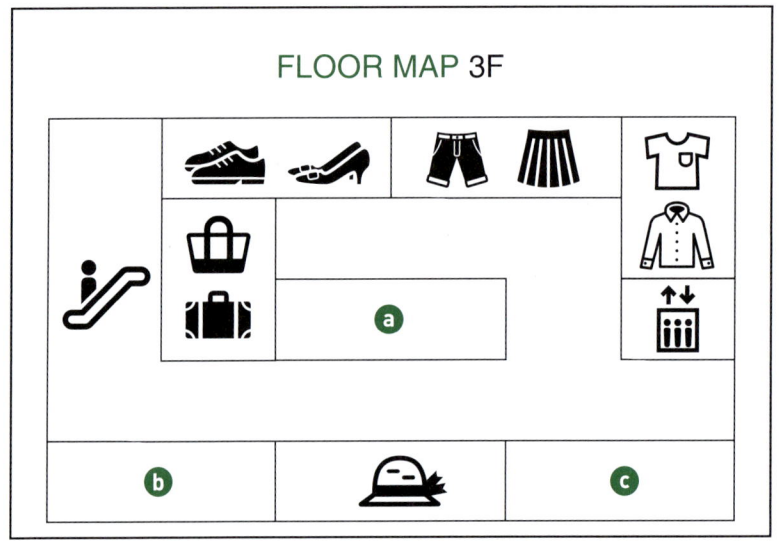

독해 지문&퀴즈 해석

안 씨, 지금 어디예요?

3층의 안경 매장에 있어요.
모자 매장의 바로 옆이에요.

엘리베이터 앞인가요?

아니요.
에스컬레이터 근처예요.

알겠어요!

Q 퀴즈 도전하기! 안경 매장은 어디인가요?

어휘

今 지금 | 3がい[3階] 3층 | めがね[眼鏡] 안경 | 売り場 매장 | ぼうし[帽子] 모자 | となり[隣] 바로 옆 | エレベーター 엘리베이터 | 前 앞 | エスカレーター 에스컬레이터 | ちかく[近く] 근처, 주변 | わかりました 알겠습니다

DAY 09 誰のかさ？ 누구의 우산?

DAY_09

このかさは 田中さんのですか。

いいえ。私のは くろいのです。
それは 大川さんのですよ。

しろいのと みじかいのは？

しろいのは 本田さんのです。
みじかいのは 山下さんのですよ。

Q 퀴즈 도전하기! だれのですか。

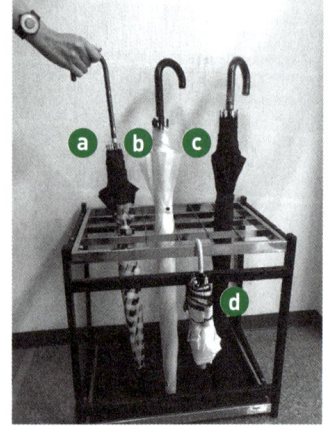

a _____

b _____

c _____

d _____

독해 지문&퀴즈 해석

이 우산은 다나카 씨 것인가요?

아니요. 제 것은 검은 것이에요.
그것은 오카와 씨 것이에요.

흰 것과 짧은 것은요?

흰 것은 혼다 씨 것이에요.
짧은 것은 야마시타 씨 것이고요.

Q 퀴즈 도전하기! 누구의 것인가요?

어휘

かさ[傘] 우산 | いいえ 아니요 | 私 나, 저 | くろい[黒い] 검다, 까맣다 | しろい[白い] 희다, 하얗다 | みじかい[短い] 짧다

DAY 10 今週の土曜日 이번 주 토요일

 DAY_10

New message

Subject: 今週の 土よう日

山下 大
To リ トウ

4月15日 (水) PM 07：43 ☆

リさん

土よう日に 田中さんと みどり公園へ 行きます。
公園は みどり駅から バスで 10分です。10時半の バスで 行きたいです。
私たちは 5分前に バスていへ 行きます。
いっしょに 行きませんか。

山下

Send

Q 퀴즈 도전하기!

① いつ みどり公園へ 行きますか。

…… _____月 _____日 _____よう日

② 何時に バスていへ 行きますか。

…… _____時 _____分

독해 지문&퀴즈 해석

Subject 이번 주 토요일

야마시타 다이 　　　　　　　　　　　　　　　　4월 15일 (수) PM 07:43
To 리 토우

리 씨

토요일에 다나카 씨와 미도리공원에 갈 거예요.
공원은 미도리역에서 버스로 10분이에요. 10시 반 버스로 가고 싶어요.
우리들은 5분 전에 버스 정류장으로 갈 거예요.
함께 가지 않을래요?

야마시타

퀴즈 도전하기!

① 언제 미도리공원에 가나요?
　…… ___월 ___일 ___요일
② 몇 시에 버스 정류장으로 가나요?
　…… ___시 ___분

어휘

今週 이번 주 | ~よう日 ~요일 | 土よう日 토요일 | ~月 ~월 | ~日 ~일 | 公園 공원 | 行く 가다 | 駅 역 | バス 버스 | ~分 ~분 | 10分[じゅっぷん] 10분 | ~時半 ~시 반 | 私たち 우리들 | ~分前 ~분 전 | バスてい[バス停] 버스 정류장 | いっしょに[一緒に] 함께, 같이

DAY 11 メニュー選び 메뉴 고르기

Q 퀴즈 도전하기!

ゆりさんは Cセットと さしみを 食べました。

けんさんは Aセットと てんぷらを 食べました。

ふたりは コーヒーも 飲みました。

ぜんぶで いくらですか。　(　　)

a　￥2,150　　b　￥3,700　　c　￥3,950　　d　￥4,200

～メニュー～			
Aセット	￥700 	サラダ	￥200
		たまごやき	￥400
Bセット	￥1,000 	さしみ	￥800
		てんぷら	￥1,000
Cセット	￥1,200 	コーヒー	￥250

독해 지문&퀴즈 해석

Q 퀴즈 도전하기!

유리 씨는 C세트와 회를 먹었습니다.
겐 씨는 A세트와 튀김을 먹었습니다.
두 사람은 커피도 마셨습니다.
전부 해서 얼마인가요?

a 2,150엔   b 3,700엔   c 3,950엔   d 4,200엔

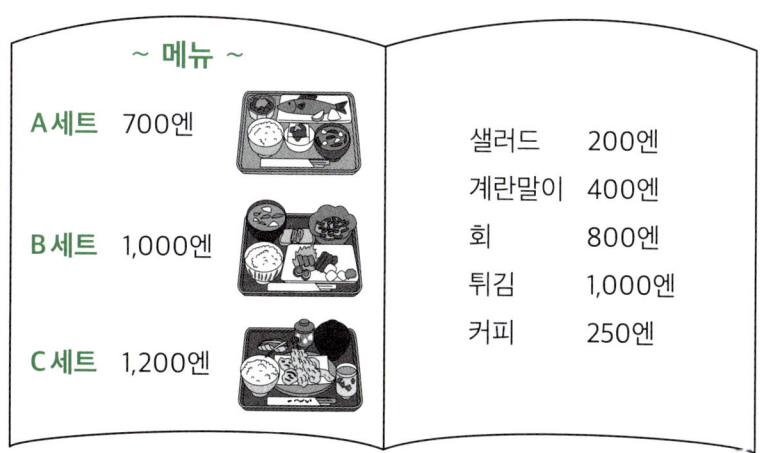

어휘

セット 세트 | さしみ[刺身] (생선)회 | 食べる 먹다 | てんぷら[天ぷら] 튀김 | ふたり[二人] 두 사람, 2명 | コーヒー 커피 | 飲む 마시다 | メニュー 메뉴 | サラダ 샐러드 | たまごやき[卵焼き] 계란말이

DAY 12 本のタイトル 책의 제목

DAY_12

Q 퀴즈 도전하기!

男の人は どの 本を 買いますか。　(　　)

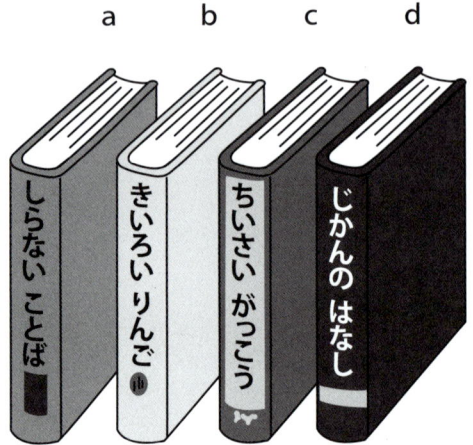

a　しらない ことば
b　きいろい りんご
c　ちいさい がっこう
d　じかんの はなし

독해 지문&퀴즈 해석

Q 퀴즈 도전하기!

남자는 어느 책을 사나요?

어휘

男の人 남자 | **本** 책 | **買う** 사다 | **しる[知る]** 알다 | **ことば[言葉]** 단어, 말 | **きいろい[黄色い]** 노랗다 | **リンゴ** 사과 | **ちいさい[小さい]** 작다 | **がっこう[学校]** 학교 | **じかん[時間]** 시간 | **はなし[話]** 이야기

DAY 13 近くのカフェ 주변 카페

🎧 DAY_13

PICK UP

みどり公園の 近くの カフェを しょうかいします！

① CAFE さくら ：公園の となりに あります。
　　　　　　　 はるは さくらが きれいです。

② みどりコーヒー：びょういんの むかいに あります。
　　　　　　　 コーヒーと チョコレートケーキを どうぞ！

③ つなぐカフェ ：スーパーの むかいの はなやの となりです。
　　　　　　　 この カフェは いちごケーキが おいしいです。

Q 퀴즈 도전하기!　a～dの どこですか。

① CAFE さくら (　　)　　② みどりコーヒー (　　)　　③ つなぐカフェ (　　)

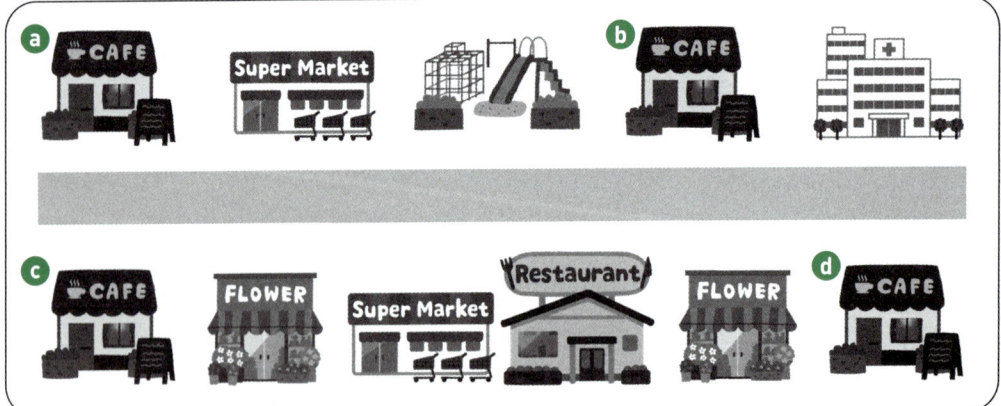

독해 지문&퀴즈 해석

미도리공원 주변의 카페를 소개합니다!

① **CAFE 사쿠라** : 공원의 바로 옆에 있습니다.
　　　　　　　　봄에는 벚꽃이 예쁩니다.

② **미도리 커피** : 병원의 맞은편에 있습니다.
　　　　　　　　커피와 초콜릿 케이크를 드셔 보세요!

③ **쓰나구 카페** : 슈퍼 맞은편에 있는 꽃집의 바로 옆입니다.
　　　　　　　　이 카페는 딸기 케이크가 맛있습니다.

Q 퀴즈 도전하기!　　a~d 중 어디인가요?

① CAFE 사쿠라　　　② 미도리 커피　　　③ 쓰나구 카페

어휘

公園 공원 | 近く 근처, 주변 | カフェ 카페 | しょうかい[紹介] 소개 | さくら[桜] 벚꽃 | となり[隣] 바로 옆 | はる[春] 봄 | きれいな 예쁜 | コーヒー 커피 | びょういん[病院] 병원 | むかい[向かい] 맞은편 | チョコレート 초콜릿 | ケーキ 케이크 | スーパー 슈퍼 | はなや[花屋] 꽃집 | いちご 딸기 | おいしい 맛있다

LEVEL 1　39

DAY 14 目的地と時間 목적지와 시간

DAY_14

Q 퀴즈 도전하기!

① 二人は 今 どこに いますか。

山田さん：_____

リさん：_____

② 山田さんは これから どこへ 行きますか。

_____

독해 지문&퀴즈 해석

Q 퀴즈 도전하기!

① 두 사람은 지금 어디에 있나요?

　야마다 씨 : ＿＿＿＿＿＿

　리 씨 : ＿＿＿＿＿＿

② 야마다 씨는 지금부터 어디로 가나요?

어휘

~さん ~씨 ǀ 今 지금 ǀ 駅 역 ǀ いる (사람, 동물이) 있다 ǀ すみません 죄송합니다 ǀ これから 지금부터, 앞으로 ǀ 電車 전철 ǀ
つぎ[次] 다음 ǀ ~時 ~시 ǀ 来ます 옵니다 ǀ ~まで ~까지 ǀ 20分[にじゅっぷん] 20분 ǀ かかる (시간이) 걸리다

DAY 15 日本語クラス 일본어 강좌

 DAY_15

＊＊ 日本語を 話しましょう ＊＊

「みどり町 としょかん」で 毎週 土曜日に 日本語の クラスが あります。休み時間に おちゃと おかしを どうぞ！

- 10：00～10：40【漢字】漢字を べんきょうしましょう。
- 11：10～12：30【会話】日本人と 話しましょう。

≪おといあわせ≫ みどり町 としょかん　TEL 03-1103-XXXX

퀴즈 도전하기!

日本語の クラスで 何を しますか。

全部 選んで ください。　（　　　　）

a 日本語の 本を よみます。

b 漢字の れんしゅうを します。

c 会話の れんしゅうを します。

d 日本語の うたを うたいます。

독해 지문&퀴즈 해석

> **＊＊ 일본어를 말해 봅시다 ＊＊**
>
> '미도리마을 도서관'에서 매주 토요일에 일본어 수업이 있습니다.
> 쉬는 시간에 녹차와 과자를 함께 해요!
>
> - 10:00~10:40 　【한자】한자를 공부합시다!
> - 11:10~12:30 　【회화】일본인과 이야기합시다!
>
> ≪문의≫ 미도리마을 도서관　TEL 03-1103-XXXX

Q 퀴즈 도전하기!

일본어 수업에서 무엇을 하나요?
전부 골라 주세요.

a 일본어 책을 읽습니다.
b 한자 연습을 합니다.
c 회화 연습을 합니다.
d 일본어 노래를 부릅니다.

어휘

日本語 일본어 | **話す** 이야기하다 | **町** 마을 | **としょかん[図書館]** 도서관 | **毎週** 매주 | **土曜日** 토요일 | **クラス** 클래스, 수업 | **休み時間** 쉬는 시간 | **おかし[お菓子]** 과자 | **べんきょう[勉強]** 공부 | **会話** 회화 | **日本人** 일본인 | **おといあわせ[お問い合わせ]** 문의 | **何** 무엇 | **全部** 전부 | **選ぶ** 고르다, 선택하다 | **ください** 주세요

DAY 16 私の一日 나의 하루

DAY_16

7月18日(土)

私は 土曜日と 日曜日が 休みです。金曜日の 夜は いつも 1時まで ゲームを します。でも、きのうは ゲームを しませんでした。10時に ねました。そして、今日は 6時に おきました。午前中 プールへ 行きました。午後、としょかんで べんきょうしました。夜は うちで えいがを 見ました。とても いい 一日でした。

Q 퀴즈 도전하기! ○ですか。×ですか。

① (　　) この 人は 今日 およぎました。

② (　　) この 人は 今日 えいがかんで えいがを 見ました。

독해 지문&퀴즈 해석

7월 18일 (토)

저는 토요일과 일요일이 휴일입니다. 금요일 밤은 항상 1시까지 게임을 합니다. 그런데, 어제는 게임을 하지 않았습니다. 10시에 잤습니다. 그리고, 오늘은 6시에 일어났습니다. 오전 중에 수영장에 갔습니다. 오후에 도서관에서 공부했습니다. 밤에는 집에서 영화를 보았습니다. 너무 좋은 하루였습니다.

퀴즈 도전하기! O인가요? X인가요?

① 이 사람은 오늘 수영을 했습니다.
② 이 사람은 오늘 영화관에서 영화를 보았습니다.

어휘

土曜日 토요일 | 日曜日 일요일 | 休み 휴일 | 金曜日 금요일 | 夜 밤 | きのう[昨日] 어제 | ねる[寝る] 자다 | 今日 오늘 | おきる[起きる] 일어나다 | 午前 오전 | ~中 ~중 | 午後 오후 | としょかん[図書館] 도서관 | うち 집 | えいが[映画] 영화 | 見る 보다 | 一日 하루 | およぐ[泳ぐ] 수영하다 | えいがかん[映画館] 영화관

DAY 17 買い物 장보기

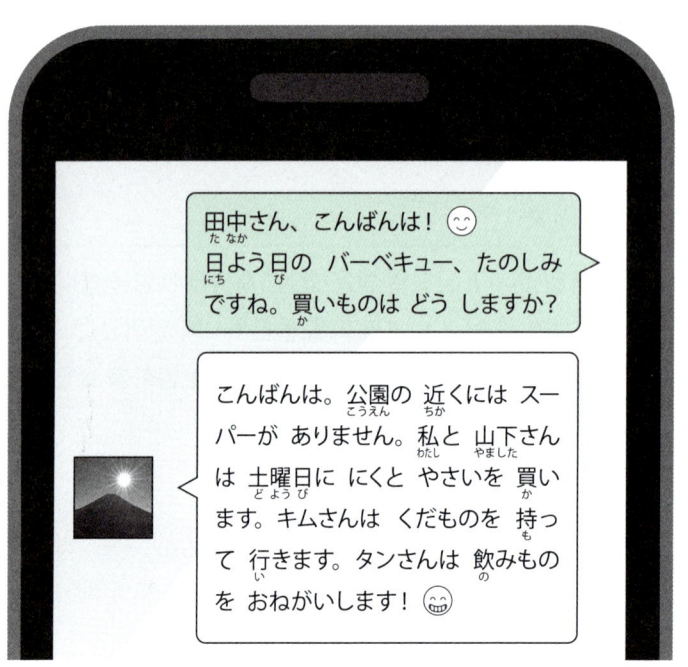

Q 퀴즈 도전하기! 何を 持って 行きますか。

① 山下さん : _____

② タンさん : _____

③ 田中さん : _____

④ キムさん : _____

독해 지문&퀴즈 해석

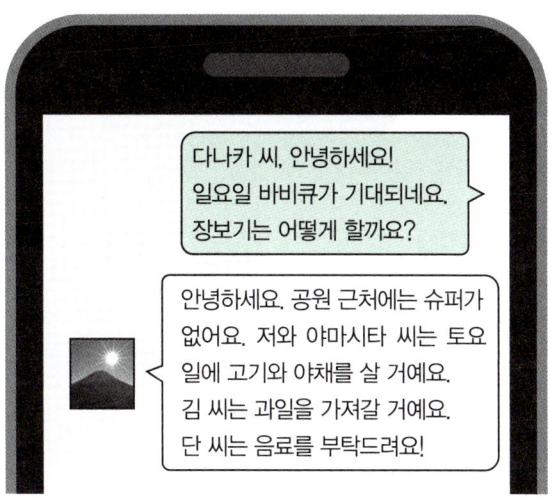

> 다나카 씨, 안녕하세요!
> 일요일 바비큐가 기대되네요.
> 장보기는 어떻게 할까요?

> 안녕하세요. 공원 근처에는 슈퍼가 없어요. 저와 야마시타 씨는 토요일에 고기와 야채를 살 거예요. 김 씨는 과일을 가져갈 거예요. 단 씨는 음료를 부탁드려요!

Q 퀴즈 도전하기! 무엇을 가지고 가나요?

① 야마시타 씨 : _____

② 단 씨 : _____

③ 다나카 씨 : _____

④ 김 씨 : _____

어휘

こんばんは 안녕하세요(낮 인사) | 日(にち)よう日(び) 일요일 | バーベキュー 바비큐 | たのしみな[楽しみな] 기대되는 | 買(か)いもの 장보기, 쇼핑 | 公園(こうえん) 공원 | 近(ちか)く 근처, 주변 | 土曜日(どようび) 토요일 | にく[肉] 고기 | やさい[野菜] 채소 | 買(か)う 사다 | くだもの [果物] 과일 | 持(も)って行(い)く 가져가다 | 飲(の)みもの 음료 | おねがいします 부탁합니다

DAY 18 相撲の申し込み 스모 신청서

DAY_18

～ すもうを 見に 行きませんか ～

- 7月25日(土曜日) 11:00～16:00
- ¥2,700 (すもう：¥2,000 ／ おべんとう：¥700)
- 学校から みどりホールへの バスが あります。(¥300)
- もうしこみ：6月22日～30日(学校の 受付)

すもう もうしこみ

☑ バスに のります [クラス： __B__   名前： __キン セイ__]

Q 퀴즈 도전하기!

① いつ 行きますか。

…… _____

② キンさんは バスで 行きます。ぜんぶで いくら かかりますか。

…… _____

독해 지문&퀴즈 해석

~ 스모를 보러 가지 않겠습니까? ~

- 7월 25일(토요일) 11:00~16:00
- 2,700엔 (스모 : 2,000엔 / 도시락 : 700엔)
- 학교에서 미도리홀에 가는 버스가 있습니다. (300엔)
- 신청 : 6월 22일~30일 (학교 접수처)

스모 신청서
☑ 버스를 탑니다 [반 : __B__ / 이름 : __긴 세이__]

Q 퀴즈 도전하기!

① 언제 가나요?
② 긴 씨는 버스로 갑니다. 전부 해서 얼마 드나요?

어휘

すもう[相撲] 스모 | **見る** 보다 | **土曜日** 토요일 | **おべんとう[お弁当]** 도시락 | **学校** 학교 | **ホール** 홀 | **バス** 버스 | **ある** (사물이) 있다 | **もうしこみ[申し込み]** 신청, 신청서 | **受付** 접수, 접수처 | **のる[乗る]** 타다 | **クラス** 클래스, 반 | **名前** 이름 | **いつ** 언제 | **ぜんぶで[全部で]** 전부 해서 | **かかる** (비용이) 들다

DAY 19 新しいレストラン
새로운 레스토랑

🎧 DAY_19

📷 TSUNAGRAM

Kazu Tsukiji

5月19日 PM 2:27　@restaurant TSUNAGU

♡ 5　💬 2　➤

Kazu Tsukiji　友だちと いっしょに 駅前の 新しい レストラン 「TSUNAGU」へ ひるごはんを 食べに 行きました。ビビアンさんと 中田さんは ピザと プリンを 食べました。でも、私は コーヒーと (　　　　　) に しました。ぜんぶで ちょうど ¥1,000 でした！

Xi Chi　きれいな レストランですね！　15分前

Ai Ozawa　私も 行きたいです。　1時間前

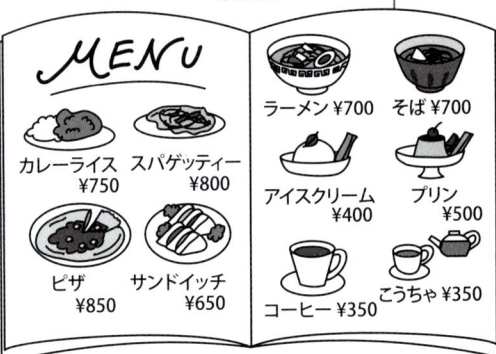

Q 퀴즈 도전하기!

この 人の ひるごはんは 何でしたか。

コーヒーと ＿＿＿＿＿＿＿＿＿

독해 지문&퀴즈 해석

Kazu Tsukiji

5월 19일 PM 2:27   @restaurant TSUNAGU

♡ 5   💬 2

Kazu Tsukiji   친구와 함께 역 앞의 새로운 레스토랑 'TSUNAGU'에 점심밥을 먹으러 갔어요. 비비안 씨와 다나카 씨는 피자와 푸딩을 먹었어요. 하지만 저는 커피와 (   )으로 했어요. 전부 해서 딱 1,000엔이었어요!

 Xi Chi   예쁜 레스토랑이네요!   15분 전

 Ai Ozawa   저도 가고 싶어요.   1시간 전

Q 퀴즈 도전하기!

이 사람의 점심밥은 무엇이었나요?

커피와 _____

MENU
- 카레라이스 750엔
- 스파게티 800엔
- 피자 850엔
- 샌드위치 650엔
- 라면 700엔
- 메밀국수 700엔
- 아이스크림 400엔
- 푸딩 500엔
- 커피 350엔
- 홍차 350엔

어휘

友だち 친구 | いっしょに[一緒に] 함께 | 駅前 역 앞 | 新しい 새롭다 | レストラン 레스토랑 | ひるごはん[昼ご飯] 점심밥 | 食べる 먹다 | ピザ 피자 | プリン 푸딩 | ちょうど 딱 | きれいな 예쁜 | カレーライス 카레라이스 | スパゲッティー 스파게티 | ラーメン 라면 | そば 국수 | アイスクリーム 아이스크림 | こうちゃ[紅茶] 홍차

DAY 20 スパゲッティー 스파게티

🍴 Restaurant TSUNAGU BLOG 🍴

5月30日(金) PM 3:37　**たらこスパゲッティーはイタリアの料理(りょうり)？**

子(こ)どもから お年(とし)よりまで みんなが すきな スパゲッティーは イタリアの 食(た)べものです。でも、「たらこスパゲッティー」は 日本人(にほんじん)の アイデアです。たらこは 魚(さかな)の たまごです。この スパゲッティーは ちょっと しおからいです。"海(うみ)の あじ"ですね。Restaurant TSUNAGU の たらこスパゲッティーを ぜひ どうぞ！

Q 퀴즈 도전하기! 　〇ですか。×ですか。

① (　　　) たらこスパゲッティーは 小(ちい)さい 魚(さかな)の スパゲッティーです。

② (　　　) たらこスパゲッティーは すっぱいです。

독해 지문&퀴즈 해석

Restaurant TSUNAGU　BLOG

5월 30일(금) PM 3:37　**명란 스파게티는 이탈리아 요리?**

아이부터 어르신까지 모두가 좋아하는 스파게티는 이탈리아의 음식입니다. 하지만 '명란 스파게티'는 일본인의 아이디어입니다. 명란은 물고기의 알입니다. 이 스파게티는 조금 짭니다. '바다의 맛'이죠. Restaurant TSUNAGU의 명란 스파게티를 꼭 드셔 보세요!

Q 퀴즈 도전하기!　O인가요? X인가요?

① 명란 스파게티는 작은 생선의 스파게티입니다.
② 명란 스파게티는 (맛이) 십니다.

어휘

たらこ 명란 ｜ スパゲッティー 스파게티 ｜ イタリア 이탈리아 ｜ 料理 요리 ｜ 子ども 아이 ｜ お年より 노인, 어르신 ｜ みんな 모두 ｜ すきな[好きな] 좋아하는 ｜ 食べもの 음식 ｜ 日本人 일본인 ｜ アイデア 아이디어 ｜ 魚 생선 ｜ たまご[卵] 알 ｜ ちょっと 조금, 약간 ｜ しおからい (맛이) 짜다 ｜ 海 바다 ｜ あじ[味] 맛 ｜ ぜひ 꼭 ｜ 小さい 작다 ｜ すっぱい (맛이) 시다

LEVEL 1

LEVEL 2

DAY 21 ~ DAY 40

LEVEL 1의 지문과 비슷하거나 좀 더 긴 지문으로 구성되어 있어요.
여러 품사를 활용한 JLPT N4~N5 수준의 문형을 통해
일본어 독해 공부를 시작해 보세요!

핵심 문형 한눈에 미리 보기

이미 알고 있는 문형이 있는지 먼저 체크해 보세요!

핵심 문형	우리말 해석
☐ ~たくないです	~하고 싶지 않습니다
☐ だれも ~ない	아무도/누구도 ~하지 않다
☐ あまり ~ない	별로/그다지 ~하지 않다
☐ ~て ください	~해 주세요 [부탁/요청]
☐ ~ないで ください	~하지 말아 주세요 [금지의 부탁/요청]
☐ ~て います	~하고 있습니다 [현재의 행동]
☐ ~て います	~해 있습니다 [결과의 상태]
☐ ~ては いけません	~해서는 안 됩니다 [금지]
☐ ~ましょう	~합시다 [권유]
☐ ~ても いいです	~해도 됩니다 [허가/허락]
☐ Aじゃなくて、B	A가 아니라 B
☐ ~に ~を あげます	(사람)에게 (물건)을 줍니다
☐ ~が ~を もらいます	(사람)이 (물건)을 받습니다

DAY 21 日本の祝日 일본의 국경일

 DAY_21

PICK UP

日本は 祝日が 多いです。1年間に 16日 あります。3月、4月、7月、8月、10月は 祝日が 1日です。1月、2月、9月、11月は 2日 あります。そして、5月は 3日 あります。5月の 祝日は 5月3日、4日、5日の 連休です。連休は ほかにも あります。1月、7月、8月、10月の 祝日は 月曜日ですから、土曜日から 月曜日まで 連休です。連休には たくさんの 人が いろいろな ところへ 出かけます。

(2020年 10月 現在)

Q 퀴즈 도전하기!

祝日が ない 月は いつですか。

_____,_____

			11月			
日	月	火	水	木	金	土
			1	2	3	4	5
6	7	8	9	10	11	12
13	14	15	16	17	18	19
20	21	22	23	24	25	26
27	28	29	30			

祝日

독해 지문&퀴즈 해석

일본은 국경일이 많습니다. 1년에 16일 있습니다. 3월, 4월, 7월, 8월, 10월은 국경일이 하루입니다. 1월, 2월, 9월, 11월은 2일 있습니다.

그리고 5월은 3일 있습니다. 5월의 국경일은 5월 3일, 4일, 5일의 연휴입니다. 연휴는 다른 달에도 있습니다. 1월, 7월, 8월, 10월의 국경일은 월요일이라서 토요일부터 월요일까지 연휴입니다. 연휴에는 많은 사람이 다양한 장소로 놀러 나갑니다.

(2020년 10월 현재)

Q 퀴즈 도전하기!

국경일이 없는 달은 언제인가요?

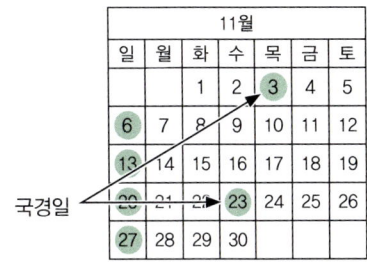

어휘

日本 일본 | 祝日 국경일 | 多い 많다 | ~年間 ~년간 | ~日 ~일 | ~月 ~월 | 2日 2일 | 3日 3일 | 4日 4일 | 5日 5일 | 連休 연휴 | ほかにも 그 밖에도 | 月曜日 월요일 | 土曜日 토요일 | ところ[所] 곳, 장소 | 出かける 나가다, 외출하다 | 現在 현재 | 月 달

DAY 22 博多 하카타

PICK UP

博多は 九州の 福岡県に あります。福岡空港から 地下鉄で 6分です。とても にぎやかな 町です。博多には おいしい 食べものが たくさん あります。その 中で 博多ラーメンは 人気が あります。そして、博多の 近くに「太宰府天満宮」が あります。ここは べんきょうの 神さまの 神社ですから、たくさんの 学生が 来ます。

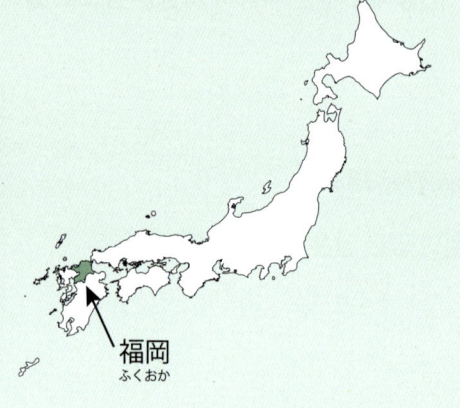

福岡
ふくおか

Q 퀴즈 도전하기!

① 博多は どんな 町ですか。
…… _____

② どうして 学生は「太宰府天満宮」へ 来ますか。
…… _____

독해 지문&퀴즈 해석

하카타는 규슈의 후쿠오카현에 있습니다. 후쿠오카 공항에서 지하철로 6분입니다. 매우 번화한 동네입니다. 하카타에는 맛있는 음식이 많이 있습니다. 그 중에서 하카타 라면은 인기가 있습니다. 그리고 하카타 근처에 '다자이후텐만구'가 있습니다. 여기는 공부의 신이 있는 신사이기 때문에 많은 학생이 옵니다.

후쿠오카

퀴즈 도전하기!

① 하카타는 어떤 동네인가요?
② 왜 학생은 '다자이후텐만구'에 오나요?

어휘

~県 ~현(일본 행정구역) | 空港 공항 | 地下鉄 지하철 | にぎやかな 번화한 | 町 동네, 마을 | おいしい 맛있다 | 食べもの 음식 | その 中で 그 중에서 | ラーメン 라면 | 人気 인기 | 近く 근처, 주변 | べんきょう[勉強] 공부 | 神さま 신 | 神社 신사 | 学生 학생 | 来ます 옵니다

DAY 23 出張スケジュール 출장 스케줄

Q 퀴즈 도전하기!

中本さんは タイへ しゅっちょうします。

前の 日までに 大川さんと 上木さんと 3人で ミーティングを したいです。

いつ しますか。（　　）

a　25日　　b　26日　　c　27日　　d　28日

日	曜日	大川	上木	本田	中本
20	水	中国			
21	木	↓			
22	金	↓		インド	
25	月		休み	↓	
26	火			↓	
27	水		ベトナム	↓	
28	木		↓		タイ
29	金		↓		↓
2	月				↓
3	火	中国			↓
4	水	↓			

독해 지문&퀴즈 해석

Q 퀴즈 도전하기!

나카모토 씨는 태국으로 출장을 갑니다.
전날까지 오카와 씨와 우에키 씨와 3명이서 미팅을 하고 싶습니다.
언제 하나요?

a 25일　　b 26일　　c 27일　　d 28일

일	요일	오카와	우에키	혼다	나카모토
20	수	중국			
21	목	↓			
22	금	↓		인도	
25	월		휴일	↓	
26	화			↓	
27	수		베트남		
28	목	↓	↓		태국
29	금		↓		↓
2	월				↓
3	화	중국			↓
4	수	↓			

어휘

タイ 태국 | しゅっちょう[出張] 출장 | 前の日 전날 | ~人 ~명 | ミーティング 미팅, 회의 | ~日 ~일 | 曜日 요일 | 中国 중국 | インド 인도 | 休み 휴일 | ベトナム 베트남

DAY 24 ランチのメニュー 런치 메뉴

 DAY_24

Q 퀴즈 도전하기!

女の人と 男の人が レストランに います。

女の人は どれを 食べましたか。（　　）

a　Aランチ　　b　Bランチ　　c　Cランチ　　d　Dランチ

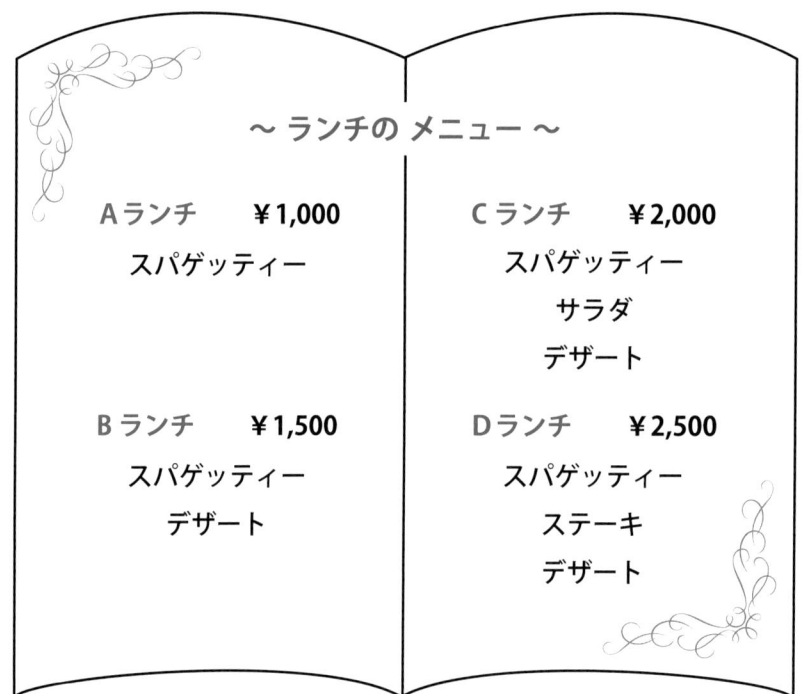

독해 지문&퀴즈 해석

Q 퀴즈 도전하기!

여자와 남자가 레스토랑에 있습니다.
여자는 어느 것을 먹었나요?

a A런치   b B런치   c C런치   d D런치

~ 런치 메뉴 ~

A런치 1,000엔
스파게티

C런치 2,000엔
스파게티
샐러드
디저트

B런치 1,500엔
스파게티
디저트

D런치 2,500엔
스파게티
스테이크
디저트

어휘

女の人 여자 | 男の人 남자 | レストラン 레스토랑 | いる (사람, 동물이) 있다 | 食べる 먹다 | ランチ 런치, 점심 | メニュー 메뉴 | スパゲッティー 스파게티 | デザート 디저트 | サラダ 샐러드 | ステーキ 스테이크

DAY 25 四国 시코쿠

DAY_25

PICK UP

四国には 4つの 県が あります。香川県、徳島県、高知県、愛媛県です。一番 ひろい 高知県は「よさこい祭り」が ゆうめいです。四国で 一番 小さい 県は 香川県です。うどんが とても おいしいです。愛媛県には とても いい 温泉が あります。「道後温泉」です。そして、高知県の となりの 徳島県にも ゆうめいな まつりが あります。「あわおどり」です。

四国

Q 퀴즈 도전하기! ゆうめいな ものは a〜dの どれですか。

① 香川県 (　　)　② 徳島県 (　　)　③ 高知県 (　　)　④ 愛媛県 (　　)

| a あわおどり | b 温泉 | c うどん | d よさこい祭り |

독해 지문&퀴즈 해석

시코쿠에는 4개의 현이 있습니다. 가가와현, 도쿠시마현, 고치현, 에히메현입니다. 가장 넓은 고치현은 '요사코이 마쓰리'가 유명합니다. 시코쿠에서 가장 작은 현은 가가와현입니다. 우동이 너무 맛있습니다. 에히메현에는 매우 좋은 온천이 있습니다. '도고 온천'입니다. 그리고 고치현의 바로 옆에 있는 도쿠시마현에도 유명한 마쓰리(축제)가 있습니다. '아와오도리'입니다.

시코쿠

Q 퀴즈 도전하기! 유명한 것은 a~d 중 어느 것인가요?

① 가가와현   ② 도쿠시마현   ③ 고치현   ④ 에히메현

| a 아와오도리   b 온천   c 우동   d 요사코이 마쓰리 |

어휘

よっつ 4つ 4개 | ~けん ~県 ~현(일본 행정구역) | いちばん 一番 가장, 제일 | ひろい [広い] 넓다 | まつり 祭り 마쓰리, 축제 | ゆうめいな [有名な] 유명한 | ちいさい 小さい 작다 | うどん 우동 | とても 매우 | おいしい 맛있다 | おんせん 温泉 온천 | となり [隣] 바로 옆 | もの [物] 것, 물건

DAY 26 冬休み 겨울 방학

『長野でスキー』

上田友希

　冬休みに長野ではじめてスキーをしました。雪がとてもきれいでした！でも、スキーはかんたんではありませんでした。とてもむずかしかったです。もっとれんしゅうします！
　そのあと、温泉に入りました。気持ちがよかったです。おいしいそばも食べました。長野はとてもいいところでした。また行きたいです。

Q 퀴즈 도전하기! この 人の 気持ちは どれですか。（　　）

a また スキーを したいです。でも、長野へ 行きたくないです。

b また 長野へ 行きたいです。でも、スキーは したくないです。

c また 長野へ 行きたいです。そして、スキーを したいです。

독해 지문&퀴즈 해석

『나가노에서 스키』

우에다 유우키

　겨울 방학에 나가노에서 처음으로 스키를 탔습니다. 눈이 매우 예뻤습니다! 그런데 스키는 쉽지 않았습니다. 매우 어려웠습니다. 더욱 연습하겠습니다!

　그 후에 온천에 들어가 몸을 담갔습니다. 기분이 좋았습니다. 맛있는 국수도 먹었습니다. 나가노는 너무 좋은 곳이었습니다. 또 가고 싶습니다.

Q 퀴즈 도전하기! 이 사람의 기분은 어느 것인가요?

a 또 스키를 타고 싶습니다. 그런데 나가노에 가고 싶지 않습니다.
b 또 나가노에 가고 싶습니다. 그런데 스키는 타고 싶지 않습니다.
c 또 나가노에 가고 싶습니다. 그리고 스키를 타고 싶습니다.

어휘

冬休み 겨울 방학 | はじめて[初めて] 처음으로 | スキーをする 스키를 타다 | 雪 눈 | きれいな 예쁜 | かんたんな[簡単な] 간단한, 쉬운 | むずかしい[難しい] 어렵다 | もっと 더욱 | れんしゅう[練習] 연습 | そのあと 그 후 | 温泉 온천 | 入る 들어가다 | 気持ち 기분 | おいしい 맛있다 | そば 국수 | 食べる 먹다 | ところ[所] 곳, 장소 | 行く 가다

DAY 27 よさこい祭り 요사코이 마쓰리

DAY_27

PICK UP

　毎年 8月に 高知県で「よさこい祭り」が ある。毎年 100万人ぐらいの 人が「よさこい祭り」を 見に 行く。とても ゆうめいな 祭りだ。

　この 祭りは、200チーム、18,000人ぐらいの 人たちが 道で「よさこいおどり」を おどる。この おどりは、みんなが「鳴子」を 右と 左の 手で 持つ。鳴子は「カチャッ！ カチャッ！」と 音が 出る 楽器だ。「よさこい祭り」は とても にぎやかだ。

Q 퀴즈 도전하기!　よさこい祭りは どれですか。（　　）

a

b

c

독해 지문&퀴즈 해석

매년 8월에 고치현에서 '요사코이 마쓰리'가 있다. 매년 100만 명 정도의 사람들이 '요사코이 마쓰리'를 보러 간다. 매우 유명한 마쓰리(축제)다.

이 마쓰리는 200팀, 18,000명 정도의 사람들이 길에서 '요사코이오도리'를 춘다. 이 춤은 모두가 '나루코(논이나 밭에서 새를 쫓아내기 위한 목적으로 사용하는 기구)'를 오른손과 왼손으로 든다. 나루코는 '딸깍! 딸깍!' 하는 소리가 나는 악기다. '요사코이 마쓰리'는 매우 활기차다.

Q 퀴즈 도전하기! 요사코이 마쓰리는 어느 것인가요?

어휘

毎年 매년 | ~月 ~월 | ~万人 ~만 명 | ~ぐらい ~정도 | 見る 보다 | 行く 가다 | ゆうめいな[有名な] 유명한 | 祭り 마쓰리, 축제 | チーム 팀 | ~人 ~명 | 人たち 사람들 | 道 길 | おどり[踊り] 춤 | おどる[踊る] 춤추다 | みんな 모두 | 右 오른쪽 | 左 왼쪽 | 手 손 | 持つ 들다 | 音 소리 | 出る 나오다 | 楽器 악기 | にぎやかな 번화한, 활기찬

DAY 28 朝ごはん 아침밥

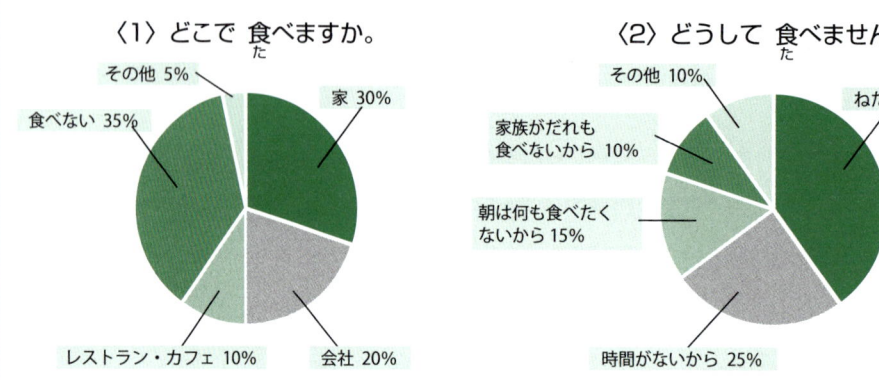

朝ごはんに ついての アンケート 【結果】

〈1〉どこで 食べますか。
- その他 5%
- 家 30%
- 食べない 35%
- レストラン・カフェ 10%
- 会社 20%

〈2〉どうして 食べませんか。
- その他 10%
- ねたいから 40%
- 家族がだれも 食べないから 10%
- 朝は何も食べたくないから 15%
- 時間がないから 25%

　HA社は みどり町の 男女3,000人の 会社員に「どこで 朝ごはんを 食べますか」と 聞きました。「家で 食べる」と 「会社や レストラン などで 食べる」が 同じぐらいでした。そして、「何も 食べない」が 35%でした。理由は「ねたいから 40%」、「時間が ないから 25%」、「朝は 何も 食べたくないから 15%」、「家族が だれも 食べないから 10%」でした。

Q 퀴즈 도전하기! 〇ですか。×ですか。

① (　　　) 半分ぐらいの 人が 家で 朝ごはんを 食べる。

② (　　　) 3,000人の 中の 40%が ねたいから 朝ごはんを 食べない。

독해 지문&퀴즈 해석

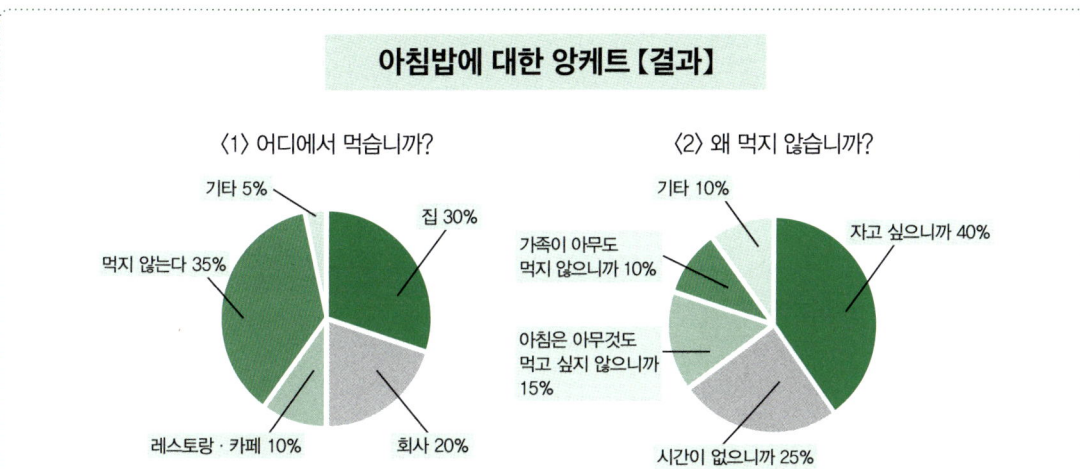

아침밥에 대한 앙케트 【결과】

〈1〉 어디에서 먹습니까?
- 기타 5%
- 집 30%
- 먹지 않는다 35%
- 레스토랑·카페 10%
- 회사 20%

〈2〉 왜 먹지 않습니까?
- 기타 10%
- 자고 싶으니까 40%
- 가족이 아무도 먹지 않으니까 10%
- 아침은 아무것도 먹고 싶지 않으니까 15%
- 시간이 없으니까 25%

HA사는 미도리마을의 남녀 3,000명의 회사원에게 '어디에서 아침밥을 먹습니까?'라고 물었습니다. '집에서 먹는다'와 '회사나 레스토랑 등에서 먹는다'가 비슷한 정도였습니다. 그리고 '아무것도 먹지 않는다'가 35%였습니다. 이유는 '자고 싶으니까 40%', '시간이 없으니까 25%', '아침에는 아무것도 먹고 싶지 않으니까 15%', '가족이 아무도 먹지 않으니까 10%'였습니다.

Q 퀴즈 도전하기! O인가요? X인가요?

① 절반 정도의 사람이 집에서 아침밥을 먹는다.
② 3,000명 중의 40%가 자고 싶으니까 아침밥을 먹지 않는다.

어휘

朝ごはん 아침밥 | ~についての ~에 대한 | アンケート 앙케트 | 結果 결과 | ~社 ~사 | 男女 남녀 | ~人 ~명 | 会社員 회사원 | 食べる 먹다 | 聞く 묻다 | 家 집 | 会社 회사 | 同じ 같은 | 何も 아무것도 | 理由 이유 | ねる[寝る] 자다 | 時間 시간 | 家族 가족 | だれも[誰も] 아무도, 누구도 | 半分 절반 | その他 그 외, 기타

DAY 29 日本の気温差 일본의 기온 차

PICK UP

日本は 小さい 国だが、南北に 長い。北と 南では 気温が ちがう。北の A市は 冬は とても 寒い。夏も あまり 気温が 高くないから、クーラーを つかわない。だから、90%ぐらいの 家に クーラーが ない。南の B市は 夏は 30℃、冬は 15℃ぐらいだ。気温が 高い 日が 日本で 一番 多い C市は、東京の 近くに ある。35～40℃の 日が 一年間に 40日ぐらい あるから、クーラーが ない 家は とても 少ない。

Q 퀴즈 도전하기!

①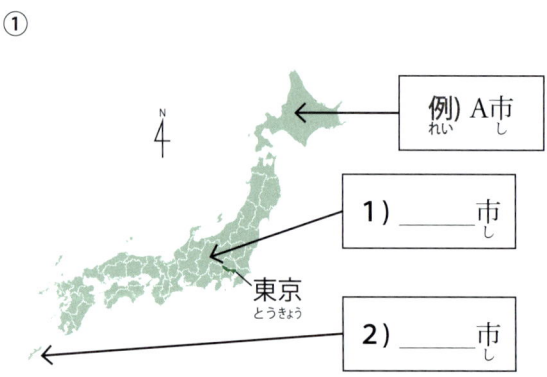

②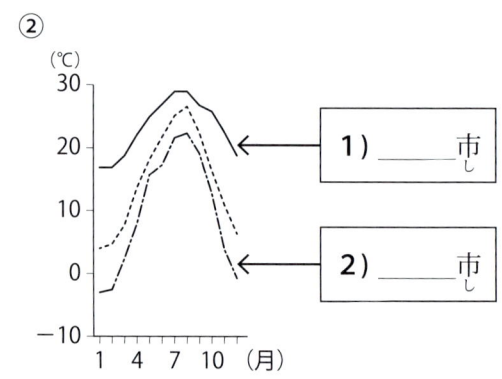

독해 지문&퀴즈 해석

일본은 작은 나라이지만, 남북으로 길다. 북쪽과 남쪽의 기온이 다르다. 북쪽의 A시는 겨울이 매우 춥다. 여름도 별로 기온이 높지 않아서 에어컨을 사용하지 않는다. 그렇기 때문에 90% 정도의 집에 에어컨이 없다. 남쪽의 B시는 여름이 30도, 겨울이 15도 정도다. 기온이 높은 날이 일본에서 가장 많은 C시는 도쿄 근처에 있다. 35~40도인 날이 1년 동안에 40일 정도 있어서 에어컨이 없는 집이 매우 적다.

Q 퀴즈 도전하기!

①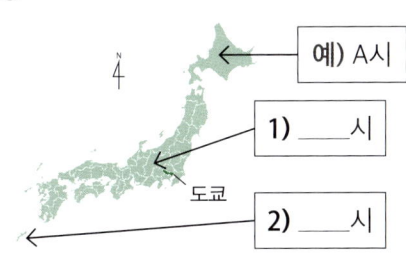

②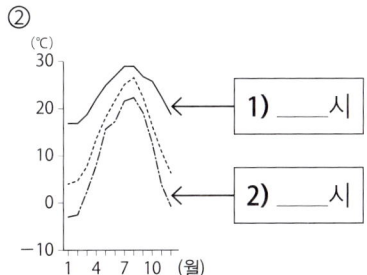

어휘

日本 일본 | 小さい 작다 | 国 나라, 국가 | 南北 남북 | 長い 길다 | 北 북쪽 | 南 남쪽 | 気温 기온 | 違う 다르다 | ~市 ~시 | 冬 겨울 | 寒い 춥다 | 夏 여름 | 高い 높다 | クーラー 에어컨 | つかう[使う] 쓰다, 사용하다 | ~ぐらい ~정도 | 家 집 | 日 날 | 一番 가장, 제일 | 多い 많다 | 近く 근처, 주변 | 一年間 1년 동안 | ~日 ~일 | 少ない 적다

DAY 30 カラオケ 노래방

9月18日(金)

きのう 学校の 近くの 店で ネパール料理を 食べた。とても おいしかった。今日は その 店の となりの カラオケに 行った。キムさんと ラマさんは 日本の 歌を 歌った。マリーさんは 英語の 歌を 歌った。「タンさんも！」と みんなが 言った。でも、ベトナムの 歌が なかったから、何も 歌わなかった。今度は ぼくも 日本の 歌を 歌いたい。あしたから れんしゅうする。

Q 퀴즈 도전하기!

① これは だれが 書きましたか。

…… _____

② この 人は 9月18日に 何を しましたか。

…… _____

독해 지문&퀴즈 해석

9월 18일 (금)

어제 학교 근처에 있는 가게에서 네팔 요리를 먹었다. 매우 맛있었다. 오늘은 그 가게의 바로 옆에 있는 노래방에 갔다. 김 씨와 라마 씨는 일본 노래를 불렀다. 마리 씨는 영어 노래를 불렀다. '단 씨 도!'라고 모두가 말했다. 하지만 베트남 노래가 없었기 때문에 아무것도 부르지 않았다. 다음 번에는 나도 일본 노래를 부르고 싶다. 내일부터 연습할 것이다.

퀴즈 도전하기!

① 이 글은 누가 적었나요?
② 이 사람은 9월 18일에 무엇을 했나요?

어휘

きのう[昨日] 어제 | 学校(がっこう) 학교 | 近く(ちか) 근처 | 店(みせ) 가게, 상점 | ネパール 네팔 | 料理(りょうり) 요리 | 今日(きょう) 오늘 | カラオケ 노래방 | 歌(うた) 노래 | 歌う(うた) 노래 부르다 | 英語(えいご) 영어 | 言う(い) 말하다 | ベトナム 베트남 | 何も(なに) 아무것도 | 今度(こんど) 다음 번 | ぼく[僕] 나, 저(남자) | あした[明日] 내일 | れんしゅう[練習] 연습 | だれ[誰] 누구 | 書く(か) 쓰다, 적다 | 何(なに) 무엇

DAY 31 部屋の片付け 방 정리

 DAY_31

うちに 来ない？ 断捨離した！
私の 部屋の 前と 今だよ。

わあ!!
使わない もの、全部 捨てたの？

うん。重かった。

断捨離、たいへんだったね。
今度の 週末、行くね！

Q 퀴즈 도전하기! 「断捨離」は 何ですか。（　　）

a 新しい 部屋に ひっこす こと

b 使わない ものを 捨てる こと

c 部屋に ものが たくさん ある こと

독해 지문&퀴즈 해석

Q 퀴즈 도전하기! '단사리'는 무엇인가요?

a 새로운 방으로 이사하는 것
b 사용하지 않는 물건을 버리는 것
c 방에 물건이 많이 있는 것

어휘

うち 우리 집 | 来ない 오지 않는다 | 断捨離 불필요한 물건 정리 | 私 나, 저 | 部屋 방 | 前 앞, 전 | 今 지금 | わあ 우와 (감탄사) | 使う 사용하다 | もの[物] 것, 물건 | 全部 전부 | 捨てる 버리다 | 重い 무겁다 | たいへんな[大変な] 힘든 | 今度 이번, 다음 | 週末 주말 | 新しい 새롭다 | ひっこす[引っ越す] 이사하다 | こと 것

DAY 32 本の借り方 책 빌리는 법

🎧 DAY_32

本の借り方

本を 借りる 人は、借りたい 本と「図書館カード」を 受付に 持って 来て ください。本は 5冊までです。はじめて 借りる 人は、受付で カードを 作りますから、申込書を 出して ください。申込書は 受付に あります。名前と 住所を 書いて ください。図書館の 本は みんなの 本です。本に 何も 書かないで ください。大切に 読みましょう。

Q 퀴즈 도전하기!

本を はじめて 借ります。どの 順番で しますか。

(　　　) → (　　　) → (　　　) → (　　　)

a カードと 本を 受付に 持って 行く。

b カードを もらう。

c 申込書に 名前と 住所を 書く。

d 申込書を 受付に 出す。

독해 지문&퀴즈 해석

책 빌리는 법

책을 빌리는 사람은 빌리고 싶은 책과 '도서관 카드'를 접수처에 가져와 주세요. 책은 5권까지입니다. 처음 빌리는 사람은 접수처에서 카드를 만들기 때문에 신청서를 제출해 주세요. 신청서는 접수처에 있습니다. 이름과 주소를 적어 주세요. 도서관 책은 모두의 책입니다. 책에 아무것도 쓰지 말아 주세요. 소중히 읽읍시다!

퀴즈 도전하기!

책을 처음으로 빌립니다. 어느 순서로 하나요?

a 카드와 책을 접수처에 가져간다.
b 카드를 받는다.
c 신청서에 이름과 주소를 적는다.
d 신청서를 접수처에 제출한다.

어휘

本 책 | 借りる 빌리다 | ~方 ~하는 방법 | 図書館 도서관 | カード 카드 | 受付 접수처 | 持って来る 가져오다 | ~冊 ~권 | はじめて[初めて] 처음으로 | 作る 만들다 | 申込書 신청서 | 出す 내다, 제출하다 | 名前 이름 | 住所 주소 | 書く 쓰다, 적다 | 何も 아무것도 | 大切に 소중하게 | 読む 읽다 | 順番 순서 | 持って行く 가져가다 | もらう 받다

DAY 33 海遊び 바다 놀이

DAY_33

TSUNAGRAM

Yumi Aoyagi

7月 28日 PM 0:05 @あおぞら ビーチ

♡ 7 💬 2 ➤

Yumi Aoyagi　友だちと 泳ぎに 来ました！ 海が とても きれい です。午前中、2時間ぐらい サーフィンを しました。そして、今、バーベキューを して います。大川さんは 一人で みんなに 肉を 焼いて います。とても おいしいです。でも、高田さんと 山口さんは まだ 海に います。

Takashi Mori
ぼくも バーベキュー、食べたい！　　　　　10分前

Mana Kotani
あ！山口さんが サーフィンを して いますね！　5分前

Q 퀴즈 도전하기!　a～eの どの 人ですか。

① 高田さん (　　)　② 山口さん (　　)　③ 大川さん (　　)

독해 지문&퀴즈 해석

📷 TSUNAGRAM

Yumi Aoyagi

7월 28일 PM 0:05 @아오조라 비치

♡ 7 💬 2 ✈

Yumi Aoyagi 친구들과 수영하러 왔어요! 바다가 너무 예뻐요. 오전 중에 2시간 정도 서핑을 했어요. 그리고 지금 바비큐를 하고 있어요. 오카와 씨는 혼자서 모두에게 줄 고기를 굽고 있어요. 너무 맛있어요. 그런데 다카다 씨와 야마구치 씨는 아직 바다에 있어요.

 Takashi Mori
나도 바비큐 먹고 싶다!   10분 전

 Mana Kotani
아! 야마구치 씨가 서핑을 하고 있네요!   5분 전

Q 퀴즈 도전하기!   a~e 중 어느 사람인가요?

① 다카다 씨   ② 야마구치 씨   ③ 오카와 씨

어휘

あおぞら[青空] 푸른 하늘 | 友だち 친구 | 泳ぐ 수영하다 | 海 바다 | きれいな 예쁜 | 午前中 오전 중 | ~時間 ~시간 | サーフィン 서핑 | 今 지금 | バーベキュー 바비큐 | 一人で 혼자서 | 肉 고기 | 焼く 굽다 | まだ 아직 | ぼく[僕] 나, 너(남자) | ~分前 ~분 전

DAY 34 公園のルール 공원의 규칙

DAY_34

さくら公園の ルール

- 自転車は 駐輪場に 止めて ください。中で のらないで ください。
- あぶないですから、ボールで あそばないで ください。
- 火を 使っては いけません。
- おべんとうの ゴミは 持って 帰りましょう。
- 公園の 木や 花を 大切に しましょう。

みどり市 公園課 電話：06-6864-XXXX

Q 퀴즈 도전하기! この 公園で しても いい ことは 何ですか。（　　）

a バスケットボールを する こと
b おべんとうを 食べる こと
c バーベキューを する こと

독해 지문&퀴즈 해석

사쿠라공원의 규칙

- 자전거는 자전거 두는 곳에 세워 주세요. 공원 안에서 타지 말아 주세요.
- 위험하기 때문에 공으로 놀지 말아 주세요.
- 불을 사용해서는 안 됩니다.
- 도시락 쓰레기는 가지고 돌아갑시다!
- 공원의 나무나 꽃을 소중히 합시다!

미도리시 공원과 전화: 06-6864-XXXX

Q 퀴즈 도전하기! 이 공원에서 해도 되는 것은 무엇인가요?

a 농구를 하는 것
b 도시락을 먹는 것
c 바비큐를 하는 것

어휘

公園 공원 | ルール 룰, 규칙 | 自転車 자전거 | 駐輪場 자전거 두는 곳 | 止める 세우다 | 中 안, 내부 | のる[乗る] 타다 | あぶない[危ない] 위험하다 | ボール 볼, 공 | あそぶ[遊ぶ] 놀다 | 火 불 | 使う 사용하다 | おべんとう[お弁当] 도시락 | ゴミ 쓰레기 | 持つ 가지다 | 帰る 돌아가다 | 木 나무 | 花 꽃 | 大切に 소중하게 | ~市 ~시 | ~課 ~과 | 電話 전화 | 何 무엇 | バスケットボール 농구 | 食べる 먹다

DAY 35 目的地への行き方 목적지로 가는 법

Q 퀴즈 도전하기!

午前 10時 10分に 学校を 出て、美術館へ 行きます。
バスと 電車は 500円までで、11時までに 行きたいです。
どうやって 行きますか。（　　　）

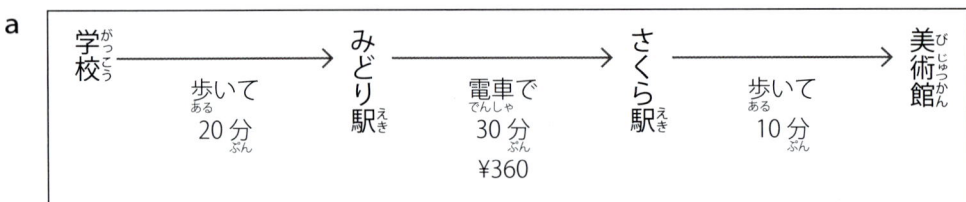

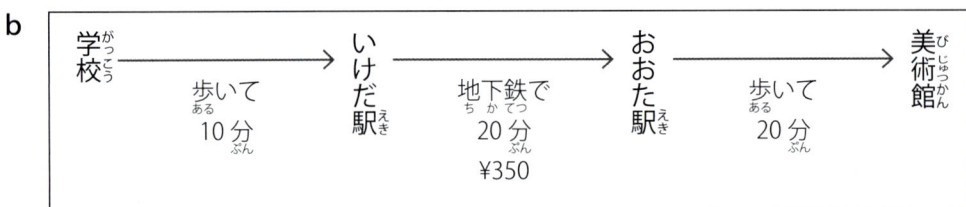

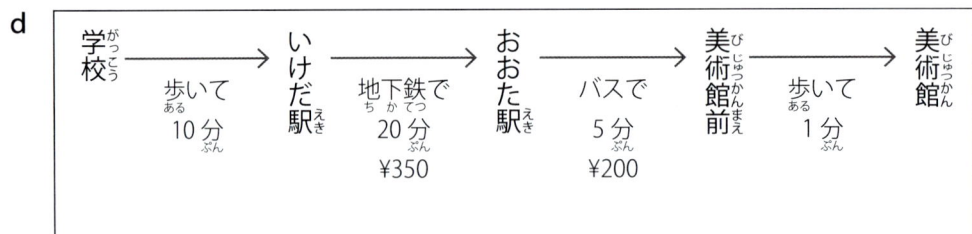

독해 지문&퀴즈 해석

Q 퀴즈 도전하기!

오전 10시 10분에 학교를 나와서 미술관에 갑니다.
버스와 전철은 500엔까지이고, 11시까지 가고 싶습니다.
어떻게 가나요?

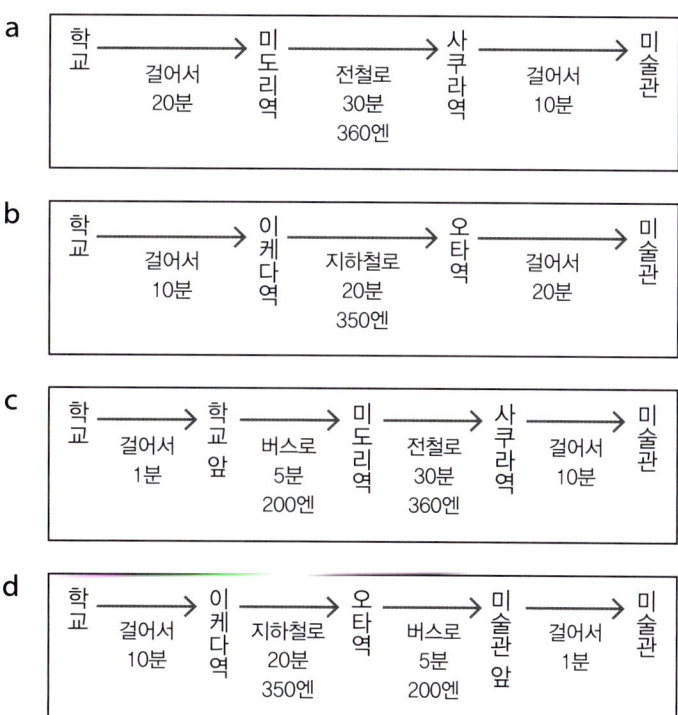

어휘

午前 오전 | ~時 ~시 | 学校 학교 | 出る 나오다 | 美術館 미술관 | 行く 가다 | バス 버스 | 電車 전철 | ~円 ~엔(일본 화폐 단위) | どうやって 어떻게 (해서), 어떤 방법으로 | 歩く 걷다 | ~駅 ~역 | 地下鉄 지하철 | ~前 ~전

DAY 36 ネットショッピング
인터넷 쇼핑

DAY_36

Q 퀴즈 도전하기!

女の人と 男の人が ネットショッピングの サイトを 見て います。
二人の 買い物は 全部で いくらですか。　(　　)

a　¥20,000　　b　¥70,000　　c　¥100,000　　d　¥130,000

독해 지문&퀴즈 해석

Q 퀴즈 도전하기!

여자와 남자가 인터넷 쇼핑 사이트를 보고 있습니다.
두 사람의 쇼핑은 전부 해서 얼마인가요?

a 20,000엔   b 70,000엔   c 100,000엔   d 130,000엔

어휘

女の人 여자 | 男の人 남자 | ネットショッピング 인터넷 쇼핑 | サイト 사이트 | 見る 보다 | 二人 두 사람, 2명 | 買い物 쇼핑, 장보기 | 全部で 전부 해서 | テレビ TV | モデル 모델 | ノートパソコン 노트북(컴퓨터) | タブレット 태블릿

DAY 37 ホームステイ 홈스테이

> Dクラス ルーさん
>
> 夏休みの ホームステイの 説明書と 申込書です。説明書を よく 読んでから、申込書を 書いて ください。申込書は 金曜日の 午後 6時までに 受付の 山川さんに 出して ください。青い めがねを かけて いる 男の 人です。わからない ことは 山川さんに 聞いて ください。
>
> 学生課 東田

Q 퀴즈 도전하기!

ルーさんは この 後、はじめに 何を しますか。（　　）

a ホームステイを する。

b 申込書を 出す。

c 説明書を 読む。

d 山川さんに 聞きに 行く。

독해 지문&퀴즈 해석

D반 루 씨

여름 방학 홈스테이의 설명서와 신청서입니다. 설명서를 잘 읽은 후에 신청서를 작성해 주세요. 신청서는 금요일 오후 6시까지 접수처의 야마카와 씨에게 제출해 주세요. 파란 안경을 쓰고 있는 남자입니다. 모르는 것은 야마카와 씨에게 문의해 주세요.

학생과 히가시다

퀴즈 도전하기!

루 씨는 이후, 처음으로 무엇을 하나요?

a 홈스테이를 한다.
b 신청서를 제출한다.
c 설명서를 읽는다.
d 야마카와 씨에게 문의하러 간다.

어휘

クラス 반(학급) | **夏休み** 여름 방학 | **ホームステイ** 홈스테이 | **説明書** 설명서 | **申込書** 신청서 | **読む** 읽다 | **書く** 쓰다, 작성하다 | **金曜日** 금요일 | **午後** 오후 | **受付** 접수처 | **出す** 내다, 제출하다 | **青い** 파랗다 | **めがね[眼鏡]** 안경 | **かける** 끼다, 걸다 | **男の人** 남자 | **わかる[分かる]** 알다 | **聞く** 묻다 | **学生課** 학생과 | **この後** 이후 | **はじめに** 처음으로

DAY 38 SNSプロフィール
SNS 프로필

🎧 DAY_38

📷 TSUNAGRAM

azusaHAASK0408

投稿 8件　　フォロワー 3人　　フォロー 12人

高田 あずさ (Azusa Takada)

去年まで ベトナムに 留学して いました。今年 結婚して、今は 東京で ベトナム料理レストラン「シン チャオ」を 経営して います。安くて おいしいですよ！ 趣味の 旅行と 店の 写真を アップします。見て くださいね！

Q 퀴즈 도전하기!　〇ですか。×ですか。

① (　　　) この 人は ベトナムで 勉強して います。

② (　　　) この 人は 東京へ ベトナム料理を 食べに 行きました。

독해 지문&퀴즈 해석

> **TSUNAGRAM**
>
> **azusaHAASK0408**
> 투고 8건 | 팔로워 3명 | 팔로잉 12명
> 다카다 아즈사(Azusa Takada)
>
> 작년까지 베트남에서 유학했습니다. 올해 결혼하여, 지금은 도쿄에서 베트남 요리 레스토랑 '신 짜오'를 경영하고 있습니다. 싸고 맛있어요! 취미인 여행과 레스토랑 사진을 업로드하겠습니다. 봐 주세요!

퀴즈 도전하기! O인가요? X인가요?

① 이 사람은 베트남에서 공부하고 있습니다.
② 이 사람은 도쿄에 베트남 요리를 먹으러 갔습니다.

어휘

投稿 투고 | ~件 ~건 | フォロワー 팔로워 | ~人 ~명 | フォロー 팔로잉 | 去年 작년 | ベトナム 베트남 | 留学する 유학하다 | 今年 올해 | 結婚 결혼 | 今 지금 | 料理 요리 | 経営 경영 | 安い 싸다 | 趣味 취미 | 旅行 여행 | 店 가게, 상점 | 写真 사진 | アップする 업로드하다 | 見る 보다 | 人 사람 | 勉強する 공부하다 | 食べる 먹다 | 行く 가다

DAY 39 公園の特徴 공원의 특징

 DAY_39

みどり市 GUIDE
みどり市の 公園を 紹介します。

● さくら公園
広くて みどりが 多い 公園です。ジョギングの コースも あります。

● つなぐ公園
駐車場は せまいですが、駅から 歩いて 5分です。となりに 美術館が あります。

● みどり公園
バーベキューの エリアが あります。公園事務所で 予約して ください。

Q 퀴즈 도전하기! どの 公園の 地図ですか。

① さくら公園 (　　　)　　② つなぐ公園 (　　　)　　③ みどり公園 (　　　)

a

b
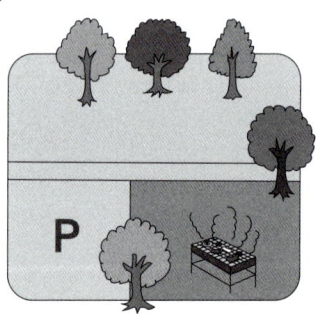

c

독해 지문&퀴즈 해석

미도리시 GUIDE 미도리시의 공원을 소개합니다.

● **사쿠라공원**
넓고 나무가 많은 공원입니다. 조깅 코스도 있습니다.

● **쓰나구공원**
주차장은 좁지만, 역에서 걸어서 5분입니다. 바로 옆에 미술관이 있습니다.

● **미도리공원**
바비큐 구역이 있습니다. 공원 사무소에서 예약해 주세요.

Q 퀴즈 도전하기! 어느 공원의 지도인가요?

① 사쿠라공원　② 쓰나구공원　③ 미도리공원

어휘

~市 ~시 | 公園 공원 | 紹介 소개 | 広い 넓다 | みどり[緑] 녹색, 나무 | 多い 많다 | ジョギング 조깅 | コース 코스 | 駐車場 주차장 | せまい[狭い] 좁다 | 駅 역 | 歩く 걷다 | ~分 ~분 | となり[隣] 바로 옆 | 美術館 미술관 | バーベキュー 바비큐 | エリア 구역 | 事務所 사무소 | 予約 예약 | 地図 지도

DAY 40 友チョコ 우정 초콜릿

PICK UP

日本では バレンタインデーに 女の人が 好きな 人に チョコレートを あげます。この チョコレートは「私は あなたが 好きです。あなたの 恋人に なりたいです」という メッセージです。チョコレートを もらった ときは とても うれしいですね。でも、ちょっと 待って ください。「友チョコ」も あります。これは「あなたは 私の いい 友だちだよ。これからも よろしく」と いう メッセージです。チョコレートを もらった とき、その チョコレートの 意味を よく 考えましょう。

Q 퀴즈 도전하기! ○ですか。×ですか。

① (　　) 日本では バレンタインデーに 女の人だけが チョコレートを もらいます。
② (　　) バレンタインデーの チョコレートの 意味は 一つでは ありません。

독해 지문&퀴즈 해석

일본에서는 밸런타인데이에 여자가 좋아하는 사람에게 초콜릿을 줍니다. 이 초콜릿은 '저는 당신을 좋아해요. 당신의 연인이 되고 싶어요'라는 메시지입니다. 초콜릿을 받았을 때는 매우 기쁘지요. 하지만 잠깐 기다려 주세요. '친구 초코(우정 초콜릿)'도 있습니다. 이것은 '너는 나의 좋은 친구야. 앞으로도 잘 부탁해'라는 메시지입니다. 초콜릿을 받았을 때, 그 초콜릿의 의미를 잘 생각해 봅시다.

퀴즈 도전하기! O인가요? X인가요?

① 일본에서는 밸런타인데이에 여자만이 초콜릿을 받습니다.
② 밸런타인데이 초콜릿의 의미는 한 가지가 아닙니다.

어휘

日本 일본 | バレンタインデー 밸런타인데이 | 女の人 여자 | 好きな 좋아하는 | チョコレート 초콜릿 | あげる 주다 | 恋人 연인 | メッセージ 메시지 | もらう 받다 | とき[時] 때 | うれしい[嬉しい] 기쁘다 | 待つ 기다리다 | 友だち 친구 | これから 앞으로 | 意味 의미, 뜻 | 考える 생각하다 | ~だけ ~만, ~뿐 | 一つ 1개, 한 가지

LEVEL 3

DAY 41 ~ DAY 60

LEVEL 2와 비슷한 JLPT N4~N5 수준의 문형으로 구성되어 있어요.
일상에서 쉽게 볼 수 있는 다양한 형식의 지문을 통해
어휘 실력을 탄탄하게 쌓아 보세요!

핵심 문형 한눈에 미리 보기

이미 알고 있는 문형이 있는지 먼저 체크해 보세요!

핵심 문형	우리말 해석
☐ ~に ~て もらいます	(사람)이 ~해 줍니다
☐ ~と、~ます	~하면/~한다면, ~하겠습니다 [가정]
☐ ~ことも あります	~하는 경우도 있습니다
☐ ~なのです	~인 것입니다
☐ ~でしょう	~이겠지요, ~하겠지요 [추측]
☐ ~でしょうか	~일까요?, ~할까요? [추측]
☐ ~ようと 思って います	~하려고 생각하고 있습니다 [의향]
☐ ~たり ~たり します	~하거나 ~하거나 합니다
☐ ~なくなります	~하지 않게 됩니다
☐ ~て しまいます	~해 버립니다, ~하고 맙니다
☐ Aながら、B	A하면서 B [2가지 행동의 진행]
☐ ~たら、~できて いいです	~하면/~한다면, ~할 수 있어서 좋습니다
☐ ~た ことが あります	~한 적이 있습니다 [경험]

DAY 41 業務リスト 업무 리스트

 DAY_41

```
********  TO DO LIST  ********
a☐ 会議の 資料を メールで 送る。
b☐ 去年の 発表会の データを 見て、会議の 資料を 作る。
c☐ 作った 資料を 金曜日 午後 3時までに 課長に チェック
    して もらう。
d☐ リさんに 去年の 発表会の データを コピーして もらう。
e☑ 会議室を 予約する。( 来週 火曜日 2時〜4時 )
```

Q 퀴즈 도전하기! どの 順番で やりますか。

(e) → (　　) → (　　) → (　　) → (a)

독해 지문&퀴즈 해석

```
* * * * * * *   TO DO LIST   * * * * * * *

a ☐ 회의 자료를 메일로 보낸다.
b ☐ 작년 발표회 데이터를 보고, 회의 자료를 만든다.
c ☐ 만든 자료를 금요일 오후 3시까지 과장님에게 체크를 받는다.
d ☐ 리 씨에게 작년 발표회의 데이터를 복사해 달라고 한다.
e ☑ 회의실을 예약한다. (다음 주 화요일 2시~4시)
```

Q 퀴즈 도전하기! 어느 순서로 하나요?

어휘

会議 회의 | 資料 자료 | メール 메일 | 送る 보내다 | 去年 작년 | 発表会 발표회 | データ 데이터 | 見る 보다 | 作る 만들다 | 金曜日 금요일 | ~時 ~시 | 午後 오후 | 課長 과장(님) | チェックする 체크하다 | コピーする 복사하다 | 予約 예약 | 来週 다음 주

DAY 42 迷子 미아

トップ＞ニュース＞記事　**高校生、迷子の 女の子を 交番へ**　みどり市

昨日、午後5時ごろ、「3歳の 娘が いない」と 家族から 警察に 連絡が あった。その後 高校生が 女の子を 交番に 連れて 来て、女の子は ぶじに 家に 帰った。
みどり高校の 南公太さん(16)と 高田ゆなさん(15)は「小さい 女の子が 学校の 前で 一人で 泣いて いて、びっくりした。車が 多い 道だから、心配だった」と 話した。女の子の 家族は「交番へ 連れて 行って いただいて、本当に ありがとうございました。娘と お礼に 行きます」と 話して いる。

Q 퀴즈 도전하기!

① だれが 交番へ 連れて 行きましたか。
…… _____

② だれが お礼に 行きますか。
…… _____

독해 지문&퀴즈 해석

톱>뉴스>기사　**고등학생, 미아 여자아이를 파출소에**　미도리시

어제 오후 5시쯤 '3살짜리 딸이 없다'고 가족으로부터 경찰에게 연락이 있었다. 그 후 고등학생이 여자아이를 파출소로 데려와서 여자아이는 무사히 집에 돌아갔다.
미도리고등학교의 미나미 고타 씨(16)와 다카다 유나 씨(15)는 '작은 여자아이가 학교 앞에서 혼자 울고 있어서 깜짝 놀랐다. 차가 많은 길이기 때문에 걱정되었다'고 이야기했다. 여자아이의 가족은 '파출소에 데려가 주셔서 정말 감사합니다. 딸과 감사 인사를 하러 갈 것입니다'라는 이야기를 하고 있다.

퀴즈 도전하기!

① 누가 파출소에 데리고 갔나요?
② 누가 감사 인사를 하러 가나요?

어휘

高校生 고등학생 | 迷子 미아 | 女の子 여자아이 | 交番 파출소 | 昨日 어제 | 午後 오후 | ~歳 ~세(나이) | 娘 딸 | 家族 가족 | 警察 경찰 | 連絡 연락 | その後 그 후 | 連れて来る 데려오다 | ぶじに[無事に] 무사히 | 帰る 돌아오다 | 高校 고등학교 | 小さい 작다 | 学校 학교 | 前 앞 | 一人で 혼자서 | 泣く 울다 | びっくりする 깜짝 놀라다 | 車 자동차 | 多い 많다 | 道 길, 도로 | 心配 걱정 | 話す 이야기하다 | 本当に 정말 | お礼 감사 인사

DAY 43 電子レンジ料理 전자레인지 요리

 DAY_43

電子レンジCOOKING

かんたんで おいしい
ツナと トマトの パスタ

材料：スパゲッティー (200g)
　　　トマト (缶詰 1 つ)
　　　ツナ (缶詰 1 つ)
　　　水 (200cc)

① スパゲッティーを 半分に 折ります。
② 大きい お皿に 水と、スパゲッティー、トマト、ツナ、塩を 入れます。
③ 少し まぜて、上に ラップを します。
④ 電子レンジ 500 W で 15 分ぐらいです。
　 5 分ぐらいで 一度 出して、まぜて ください。

Q 퀴즈 도전하기!　どの 順番で 作りますか。

(　　) → (　　) → (　　) → (　　)

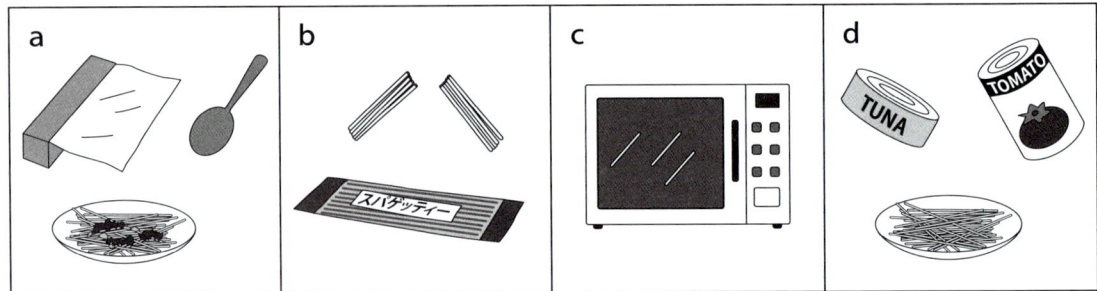

독해 지문&퀴즈 해석

전자레인지 COOKING

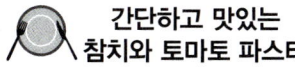 간단하고 맛있는
참치와 토마토 파스타

재료: 스파게티(200g)
　　　토마토(통조림 1개)
　　　참치(통조림 1개)
　　　물(200cc)

① 스파게티를 반으로 자릅니다.
② 큰 접시에 물과 스파게티, 토마토, 참치, 소금을 넣습니다.
③ 조금 섞은 후, 위에 랩을 씌웁니다.
④ 전자레인지 500W로 15분 정도입니다.
　 5분 정도 지나면 한번 꺼내서 섞어 주세요.

Q 퀴즈 도전하기!　어느 순서로 만드나요?

어휘

電子レンジ 전자레인지 | 簡単な 간단한, 쉬운 | ツナ 참치 | トマト 토마토 | パスタ 파스타 | 材料 재료 | スパゲッティー 스파게티 | 缶詰 통조림 | 1つ 1개 | 水 물 | 半分 절반 | 折る 접다 | 大きい 크다 | お皿 접시 | 塩 소금 | 入れる 넣다 | 少し 조금, 약간 | まぜる[混ぜる] 섞다 | 上 위 | ラップをする 랩을 씌우다 | 一度 한번 | 出す 꺼내다

DAY 44 日本の温泉 일본의 온천

PICK UP

日本には 温泉が 3,000 以上 あります。45℃ぐらいの 熱い 温泉や、37～40℃ぐらいの あまり 熱くない 温泉が あります。温泉に ゆっくり 入ると、リラックスできます。病気や けがが よく なる ことも あります。

温泉に 入る 前に 体を 洗って ください。タオルは お湯に 入れないで ください。温泉に 入った ときは 楽しいですが、温泉の 中で 泳いでは いけません。温泉には たくさんの 人が 入りますから、入り 方に 気を つけましょう。

Q 퀴즈 도전하기!

温泉で しては いけない ことは どれですか。
全部 選んで ください。　(　　　　　　　)

a　お湯の 中で 体を 洗う。
b　泳ぐ。
c　お湯の 中で タオルを 使う。
d　ゆっくり 入る。

독해 지문&퀴즈 해석

일본에는 온천이 3,000개 이상 있습니다. 45도 정도의 뜨거운 온천이나 37~40도 정도의 별로 뜨겁지 않은 온천이 있습니다. 온천에 느긋하게 몸을 담그고 있으면 릴랙스할 수 있습니다. 병이나 상처가 좋아지는 경우도 있습니다.

온천에 들어가기 전에 몸을 씻어 주세요. 수건은 탕에 넣지 말아 주세요. 온천에 몸을 담그고 있을 때는 즐겁지만, 온천 안에서 수영을 해서는 안 됩니다. 온천에는 많은 사람이 들어가기 때문에 입욕 방법에 주의합시다!

퀴즈 도전하기!

온천에서 해서는 안 되는 것은 어느 것인가요?
전부 골라 주세요.

a 탕 안에서 몸을 씻는다.
b 수영을 한다.
c 탕 안에서 수건을 사용한다.
d 느긋하게 몸을 담그고 있는다.

어휘

日本 일본 | 温泉 온천 | 以上 이상 | 熱い 뜨겁다 | ゆっくり 천천히, 느긋하게 | 入る 들어가다, 몸을 담그다 | リラックス 릴랙스 | できる 할 수 있다 | 病気 병 | けが[怪我] 상처 | 体 몸 | 洗う 씻다 | タオル 수건 | お湯 탕 | 入れる 넣다 | とき[時] 때 | 楽しい 즐겁다 | 泳ぐ 수영하다 | ~方 ~하는 법 | 気をつける 주의하다, 조심하다

DAY 45 友達のお願い 친구의 부탁

DAY_45

Q 퀴즈 도전하기!

① テレビに 出る 人は だれですか。

……＿＿＿＿＿＿＿＿＿＿

② 「今晩、聞いて みるね」は、だれが だれに 聞きますか。

……＿＿＿＿＿＿＿＿＿＿＿＿＿＿＿＿

독해 지문&퀴즈 해석

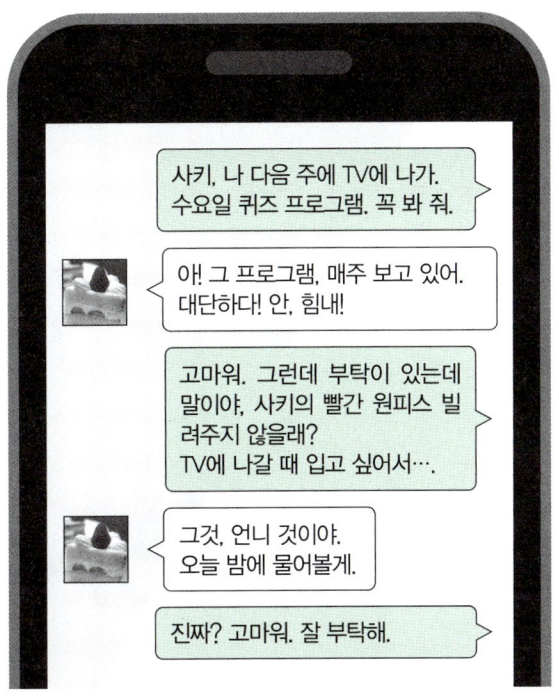

사키, 나 다음 주에 TV에 나가. 수요일 퀴즈 프로그램. 꼭 봐 줘.

아! 그 프로그램, 매주 보고 있어. 대단하다! 안, 힘내!

고마워. 그런데 부탁이 있는데 말이야, 사키의 빨간 원피스 빌려주지 않을래? TV에 나갈 때 입고 싶어서….

그것, 언니 것이야. 오늘 밤에 물어볼게.

진짜? 고마워. 잘 부탁해.

Q 퀴즈 도전하기!

① TV에 나가는 사람은 누구인가요?
② '오늘 밤에 물어볼게'는 누가 누구에게 물어보나요?

어휘

~ちゃん ~아/야(친근한 호칭) | 来週 다음 주 | テレビ TV | 出る 나가다 | 水曜日 수요일 | クイズ 퀴즈 | 番組 (방송)프로그램 | 見る 보다 | 毎週 매주 | すごい 대단하다 | がんばる[頑張る] 힘내다 | おねがい[お願い] 부탁 | 赤い 빨갛다 | ワンピース 원피스 | 貸す 빌려주다 | 着る 입다 | 姉 언니, 누나 | 今晩 오늘 밤 | 聞く 묻다 | 本当 진짜, 정말

DAY 46 動物の鳴き声 동물의 울음소리

PICK UP

「ワンワン」「ニャーニャー」「モーモー」「ガオー」…。

　これは 動物の 鳴き声です。何の 動物でしょうか。日本では 犬の 鳴き声は「ワンワン」と 表します。「ニャーニャー」と 鳴く 動物は ねこ、「モーモー」は 牛、「ガオー」は ライオンです。では、キリンの 鳴き声は どうでしょうか。キリンは あまり 鳴かないので、知らない 人も 多いでしょう。実は キリンは 牛の 仲間なので、牛と 同じ 鳴き声なのです。聞いて みたいですね。

Q 퀴즈 도전하기!

日本では キリンの 鳴き声を どう 表しますか。＿＿＿＿＿＿＿＿

독해 지문&퀴즈 해석

'멍멍', '야옹~', '음메~', '어흥~'….

이것은 동물의 울음소리입니다. 어떤 동물일까요? 일본에서는 개의 울음소리는 '왕왕'이라고 표현합니다. '냐~ 냐~'하고 우는 동물은 고양이, '모~ 모~'는 소, '가오~'는 사자입니다. 그렇다면, 기린의 울음소리는 어떨까요? 기린은 별로 울지 않기 때문에 모르는 사람도 많을 것입니다. 사실 기린은 소와 같은 부류라서 소와 똑같은 울음소리입니다. 들어 보고 싶네요.

Q 퀴즈 도전하기!

일본에서는 기린의 울음소리를 어떻게 표현하나요?

어휘

動物 동물 | 鳴き声 울음소리 | 何の 무슨 | 日本 일본 | 犬 개 | 表す 표현하다, 나타내다 | 鳴く 울다 | ねこ[猫] 고양이 | 牛 소 | ライオン 사자 | では 그렇다면 | キリン 기린 | あまり 별로, 그다지 | 知る 알다 | 人 사람 | 多い 많다 | 実は 사실은, 실은 | 仲間 친구, 동료 | 同じ 같은, 동일한 | 聞く 듣다

DAY 47 いちご狩り 딸기 따기

Q 퀴즈 도전하기!

今田さんは 今度の 日曜日に 家族 みんなで いちごがりに 行きます。今田さんと 奥さん、そして、来年 小学校に 入る 男の子と 去年 生まれた 女の子です。全部で いくら かかりますか。（　　）

a ￥1,600　　b ￥1,900　　c ￥2,400　　d ￥2,600

독해 지문 & 퀴즈 해석

Q 퀴즈 도전하기!

이마다 씨는 이번 일요일에 가족 모두 함께 딸기 따기를 하러 갑니다.
이마다 씨와 부인, 그리고 내년에 초등학교에 입학하는 남자아이와 작년에 태어난 여자아이입니다.
전부 해서 얼마 드나요?

a 1,600엔   b 1,900엔   c 2,400엔   d 2,600엔

딸기 따기

예약은 0282-27-XXXX으로

【요금(30분간)】
성인(중학생~)   1,000엔
초등학생   800엔
어린이(3~6세)   500엔
0~2세   100엔

맛있는 딸기, 많이 드세요!

쓰나구농장
쓰나구시 미도리마을 2-3
https://tsunagu-farm.jp/xxxx

어휘

今度 이번 | 日曜日 일요일 | 家族 가족 | いちご 딸기 | ~狩り ~따기 | 奥さん 부인 | 来年 내년 | 小学校 초등학교 | 入る 들어가다 | 男の子 남자아이 | 去年 작년 | 生まれる 태어나다 | 女の子 여자아이 | 全部 전부 | かかる (돈이) 들다 | 予約 예약 | 料金 요금 | 大人 어른, 성인 | 中学生 중학생 | 小学生 초등학생 | 子ども 아이 | ~歳 ~세 | ファーム 농장

DAY 48 プレゼントチケット
선물 티켓

 DAY_48

Q 퀴즈 도전하기!

デパートで 男の人と 女の人が 話して います。

二人は この 後、どこへ 行きますか。 (　　)

a 地下1階　　b 1階　　c 3階　　d 5階

ツナグデパート
クリスマス プレゼント チケット

ツナグデパートでの お買い物、ありがとうございます。
みなさまに プレゼントを ご用意しました。
クリスマスプレゼント 受付カウンターに ぜひ どうぞ！

5階カウンター	カードゲーム
3階カウンター	ネクタイ
1階カウンター	アクセサリー
地下1階カウンター	ワイン

독해 지문&퀴즈 해석

Q 퀴즈 도전하기!

백화점에서 남자와 여자가 이야기하고 있습니다.
두 사람은 이후에 어디로 가나요?

a 지하 1층　　b 1층　　c 3층　　d 5층

쓰나구백화점
크리스마스 선물 티켓

쓰나구백화점에서의 쇼핑, 감사합니다.
여러분들께 선물을 준비했습니다.
크리스마스 선물 접수 카운터에서 꼭 받아 보세요!

5층 카운터	카드 게임
3층 카운터	넥타이
1층 카운터	액세서리
지하 1층 카운터	와인

어휘

デパート 백화점 | 男の人 남자 | 女の人 여자 | 話す 이야기하다 | 二人 두 사람 | この後 이후 | 地下 지하 | ~階 ~층 |
クリスマス 크리스마스 | プレゼント 선물 | チケット 티켓 | 買い物 쇼핑 | みなさま[皆様] 여러분 | 用意 준비 | 受付 접수 |
カウンター 카운터 | ぜひ 꼭 | カードゲーム 카드 게임 | ネクタイ 넥타이 | アクセサリー 액세서리 | ワイン 와인

LEVEL 3　113

DAY 49 入学のお祝い 입학 축하

 DAY_49

みなさん、ご入学 おめでとうございます！
先輩から みなさんへ
メッセージです。

2年B組
ペトロ コスタさん
(ブラジル)

　私が いいと 思う 勉強の やり方は、日記を 書く ことです。これは 友だちと いっしょに やると いいです。
　日記を 書いて、次の 日に 友だちに 読んで もらいます。私も 友だちの 日記を 読みます。読んだら、私が 思った ことを 友だちの 日記の 下に 書きます。そして、友だちの 日記には 私が 知らない ことばが ありますから、それを 覚えて、作文や 会話で 使って みます。
　私は この やり方で 楽しく 勉強して います。みなさんも やって みませんか。

Q 퀴즈 도전하기! どの 順番で やったら いいですか。

(　　) → (a) → (　　) → (　　) → (　　)

a 友だちに 自分の 日記を わたして、友だちの 日記を 受けとる。
b 友だちの 日記の 下に 自分が 思った ことを 書く。
c 友だちの 日記を 読む。
d 友だちに 日記を返して、自分の 日記も 返して もらう。
e 日記を 書く。

독해 지문&퀴즈 해석

여러분, 입학 축하합니다!
선배가 여러분에게 보내는 메시지입니다.

2학년 B반
페트로 코스타 씨
(브라질)

제가 좋다고 생각하는 공부를 하는 방법은 일기를 쓰는 것입니다. 일기 쓰기는 친구와 함께 하면 좋습니다.

일기를 써서 다음 날에 친구에게 읽어 달라고 합니다. 저도 친구의 일기를 읽습니다. 읽었다면 제가 생각한 것을 친구의 일기 아래에 적습니다. 그리고 친구의 일기에는 제가 모르는 말이 있으니까 그것을 기억하여 작문이나 회화에서 사용해 봅니다.

저는 이 방법으로 즐겁게 공부하고 있습니다. 여러분도 해 보지 않겠습니까?

Q 퀴즈 도전하기! 어느 순서로 하면 좋나요?

a 친구에게 자신의 일기를 건네주고, 친구의 일기를 받는다.
b 친구의 일기 아래에 자신이 생각한 것을 적는다.
c 친구의 일기를 읽는다.
d 친구에게 일기를 돌려주고 자신의 일기도 돌려받는다.
e 일기를 쓴다.

어휘

みなさん 여러분 | 入学 입학 | 先輩 선배 | メッセージ 메시지 | ～年 ~학년 | ～組 ~반 | ブラジル 브라질 | 思う 생각하다 | 勉強 공부 | やり方 방법 | 日記 일기 | 書く 쓰다 | 友だち 친구 | いっしょに[一緒に] 함께 | やる 하다 | 次 다음 | 日 날 | 読む 읽다 | 下 아래 | 知る 알다 | ことば[言葉] 말 | 覚える 기억하다 | 作文 작문 | 会話 회화 | 使う 사용하다 | 楽しい 즐겁다

DAY 50 イベントの案内 이벤트 안내

はいさい FESTIVAL

- HAホール(東京都新宿区)
- 7月2日(日)18:30〜
- チケット:1,500円(定員300名)
- 食べ物や ことば などの 沖縄の 文化を 紹介します。
  沖縄音楽の 人気バンド「うちなーず」の コンサートと ダンスグループ「しんか」の みなさんの 沖縄の おどりも 楽しんでください。5名様に 沖縄旅行の プレゼントも あります!

Q 퀴즈 도전하기! 何の イベントですか。(   )

a 沖縄の 料理を 食べる イベント
b 沖縄の 文化を 楽しむ イベント
c みんな いっしょに 沖縄の ダンスを する イベント
d 沖縄へ 旅行する イベント

← 沖縄

독해 지문&퀴즈 해석

하이사이 FESTIVAL

- HA홀 (도쿄도 신주쿠구)
- 7월 2일(일) 18:30~
- 티켓 : 1,500엔 (정원 300명)
- 음식이나 언어 등의 오키나와 문화를 소개합니다.
  오키나와 음악의 인기 밴드 '우치나즈'의 콘서트와 댄스 그룹 '싱카' 여러분의 오키나와 춤도 즐겨 주세요. 다섯 분에게 오키나와 여행 선물도 있습니다!

Q 퀴즈 도전하기! 무슨 이벤트인가요?

a 오키나와의 요리를 먹는 이벤트
b 오키나와의 문화를 즐기는 이벤트
c 모두 함께 오키나와의 춤을 추는 이벤트
d 오키나와로 여행을 가는 이벤트

오키나와

어휘

ホール 홀 | 都 도(일본 행정구역) | ~区 ~구 | 定員 정원 | ~名 ~명 | 食べ物 음식 | ことば[言葉] 말, 언어 | 文化 문화 | 紹介 소개 | 音楽 음악 | 人気 인기 | バンド 밴드 | コンサート 콘서트 | ダンス 댄스 | グループ 그룹 | おどり[踊り] 춤 | 楽しむ 즐기다 | ~名様 ~분(높임) | 旅行 여행 | プレゼント 선물 | イベント 이벤트 | 料理 요리 | 食べる 먹다 | いっしょに 함께, 같이

DAY 51 自転車旅行 자전거 여행

 DAY_51

楽しい 自転車旅行　BLOG

8月25日 (木) AM 6:45　**夏休みは 北海道で TOURING**

おととしは 九州、去年は 四国、そして 今年の 夏休みは 自転車で 北海道を 走りました！ 一週間の 中で 3日 雨が 降って たいへんでしたが、おいしい ものを 食べたり、きれいな けしきを 見たりして、はじめての 北海道は 本当に 楽しかったです。でも とても 広くて、まだ 行きたい 所が たくさん あるので、来年の 夏休みも また 行こうと 思って います。

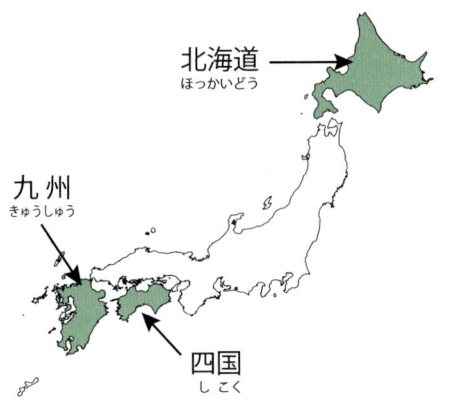

北海道 ほっかいどう
九州 きゅうしゅう
四国 しこく

퀴즈 도전하기!　〇ですか。×ですか。

① (　　　) この 人は 今年 7日間 北海道へ 行きました。

② (　　　) この 人は 来年 また 九州へ 行こうと 思って います。

독해 지문&퀴즈 해석

즐거운 자전거 여행   BLOG

8월 25일(목) AM 6:45   **여름 방학은 홋카이도에서 TOURING**

재작년에는 규슈, 작년에는 시코쿠, 그리고 올해 여름 방학에는 자전거로 홋카이도를 달렸습니다! 일주일 중에 3일 비가 내려서 힘들었습니다만, 맛있는 것을 먹거나 예쁜 경치를 보기도 해서 처음 간 홋카이도는 정말 즐거웠습니다. 그런데 너무 넓고 아직 가고 싶은 곳이 많이 있기 때문에 내년 여름 방학에도 또 가려고 생각 중입니다.

퀴즈 도전하기!   O인가요? X인가요?

① 이 사람은 올해 7일 동안 홋카이도에 갔습니다.
② 이 사람은 내년에 또 규슈에 가려고 생각 중입니다.

어휘

楽しい 즐겁다 | 自転車 자전거 | 旅行 여행 | 夏休み 여름 방학 | おととし 재작년 | 去年 작년 | 今年 올해 | 走る 달리다 | 一週間 일주일 | 3日 3일 | 雨 비 | 降る 내리다 | 大変な 힘든 | きれいな 예쁜 | けしき[景色] 경치 | はじめて[初めて] 처음 | 本当に 정말로 | 広い 넓다 | 所 곳 | 来年 내년 | 思う 생각하다 | 7日 7일

DAY 52 健康ドリンク 건강 음료

 DAY_52

薬の 前に … ツナG！

仕事が 忙しい。疲れて、元気が 出ない…。
そんな ときは ツナGを 飲んで みて ください。
すぐに 体が あたたかく なって、元気が 出ますよ！

毎日 １時間ぐらい 運動して、よく 食べて、よく 寝る。
そして、疲れた ときは ツナGです。
ツナGを 飲んで、仕事も 勉強も あそびも、がんばりましょう！

Q 퀴즈 도전하기! どちらですか。

① ツナGは（ a 薬です／ b 薬では ありません ）。

② ツナGを 飲んだら、（ a あたたかく なります／ b ねむく なります ）。

독해 지문&퀴즈 해석

> ### 약 먹기 전에 … 쓰나G!
>
> 일이 바쁘다. 피곤해서 기운이 나지 않는다….
> 그럴 때는 쓰나G를 마셔 보세요.
> 금방 몸이 따뜻해지고 기운이 날 것입니다!
>
> 매일 1시간 정도 운동하고 잘 먹고 잘 잔다.
> 그래서 피곤해졌을 때는 쓰나G입니다.
> 쓰나G를 마시며 일도 공부도 노는 것도 열심히 합시다!

Q 퀴즈 도전하기! 어느 쪽인가요?

① 쓰나G는 (a 약입니다 / b 약이 아닙니다).
② 쓰나G를 마시면 (a 따뜻해집니다 / b 졸립니다).

어휘

薬 약 | 前 앞, 전 | 仕事 일 | 忙しい 바쁘다 | 疲れる 지치다, 피곤하다 | 元気 기운 | 出る 나오다 | とき[時] 때 | 飲む 마시다 | すぐに 금방, 바로 | 体 몸 | あたたかい[温かい] 따뜻하다 | 毎日 매일 | ~時間 ~시간 | 運動 운동 | 寝る 자다 | 勉強 공부 | あそび[遊び] 노는 것, 놀이

LEVEL 3

DAY 53 悩み相談 고민 상담

悩み相談

私の 恋人は 中国人です。結婚の 約束も しました。でも、その 人は 中国の 会社に 就職が 決まりました。来月 帰国します。恋人は「一緒に 行こう」と 言いますが、私は 中国語が できません。中国には 友だちも いません。「中国に 住めば 友だちは できる。中国語も 練習すれば 上手になる」と みんな 言いますが、私は 心配です。どう すれば いいでしょうか。

(28歳 会社員)

【カウンセラー：前川 公一 先生】

むずかしい 問題ですが、恋人と 家族と よく 話して みて ください。まず、中国語を 勉強して みたら どうですか。

Q 퀴즈 도전하기! ○ですか。×ですか。

① (　　) 相談を して いる 人の 恋人は、中国の 会社で 働きます。
② (　　) 相談を して いる 人は、中国に 住めば 友だちが できると 思って います。

독해 지문&퀴즈 해석

고민 상담

제 애인은 중국인이에요. 결혼 약속도 했어요. 그런데 그 사람은 중국 회사에 취직이 결정되었어요. 다음 달에 (중국으로) 귀국해요. 애인은 '함께 가자'고 말하지만, 저는 중국어를 못해요. 중국에는 친구도 없어요. '중국에 살면 친구는 생긴다. 중국어도 연습하면 능숙해진다'고 모두 말하지만, 저는 걱정이에요. 어떻게 하면 좋을까요?　　　　　　　　　　　　　　　　(28세 회사원)

【카운슬러 : 마에카와 고이치 선생님】
어려운 문제입니다만, 애인과 가족과 잘 이야기해 보세요.
우선 중국어를 공부해 보면 어떻습니까?

퀴즈 도전하기! O인가요? X인가요?

① 상담을 하고 있는 사람의 애인은 중국 회사에서 일합니다.
② 상담을 하고 있는 사람은 중국에 산다면 친구가 생길 거라고 생각합니다.

어휘

悩み 고민 | 相談 상담 | 恋人 애인 | 中国人 중국인 | 結婚 결혼 | 約束 약속 | 中国 중국 | 会社 회사 | 就職 취직 | 決まる 결정되다 | 来月 다음 달 | 帰国 귀국 | 一緒に 함께 | 言う 말하다 | 中国語 중국어 | 友だち 친구 | 住む 살다 | 練習 연습 | 上手な 능숙한 | 心配 걱정 | ~歳 ~세 | 会社員 회사원 | カウンセラー 카운슬러 | 先生 선생님 | むずかしい [難しい] 어렵다 | 問題 문제 | 家族 가족 | 話す 이야기하다 | まず 우선 | 勉強 공부 | 働く 일하다 | 思う 생각하다

DAY 54 フラミンゴ 플라밍고

> フラミンゴは ピンク色の きれいな 鳥ですが、あなたは 白い フラミンゴを 見た ことが ありますか。実は、この 鳥は 生まれた とき、白いのです。フラミンゴは 藻(水の 中の 草)を 食べて いますが、これには βカロチンが 入って います。βカロチンは にんじんや とうがらしにも 入って いる 赤い 色の もので、これが フラミンゴの 体に 入ると、体が 赤く なるのです。ピンクの フラミンゴも βカロチンが ない ものを 食べて いたら、だんだん 白く なるのです。

Q 퀴즈 도전하기! 　〇ですか。×ですか。

① (　　) フラミンゴは はじめは みんな 白いです。

② (　　) ピンク色の フラミンゴは 藻を 食べたら、だんだん 白く なります。

독해 지문&퀴즈 해석

플라밍고는 핑크색의 예쁜 새입니다만, 당신은 흰색 플라밍고를 본 적이 있습니까? 사실 이 새는 태어났을 때 하얗습니다. 플라밍고는 말(해초;물 속의 풀)을 먹는데, 여기에는 베타카로틴이 들어 있습니다. 베타카로틴은 당근이나 고추에도 들어 있는 빨간색 물질로, 이것이 플라밍고의 몸에 들어가면 몸이 빨개지는 것입니다. 핑크색 플라밍고도 베타카로틴이 없는 것을 계속 먹으면 점점 하얘질 것입니다.

Q 퀴즈 도전하기! O인가요? X인가요?

① 플라밍고는 처음에는 모두 하얗습니다.
② 핑크색 플라밍고는 말(해초)을 먹으면 점점 하얘집니다.

어휘

フラミンゴ 플라밍고 | ピンク色 핑크색 | きれいな 예쁜 | 鳥 새 | 白い 하얗다 | 見る 보다 | 実は 사실은, 실은 | 生まれる 태어나다 | とき[時] 때 | 藻 말(해초) | 水 물 | 中 속, 안 | 草 풀 | 食べる 먹다 | ベータカロチン 베타카로틴 | 入る 들어가다 | にんじん 당근 | とうがらし 고추 | 赤い 빨갛다 | 色 색깔 | 体 몸 | だんだん 점점 | はじめ[初め] 처음

DAY 55 ウミガメ 바다거북

DAY_55

PICK UP

動物の オス(男)と メス(女)の 数は だいたい 1：1に なりますが、今、ウミガメの オスが 少なく なって います。2017年に オーストラリアで 調べた ときは、ウミガメの 99パーセントが メスでした。これは 地球の 温度が 高く なって いるからです。ウミガメは 卵の 中に いる とき、まわりの 場所の 温度で オスか メスかが 決まります。温度が 高ければ メス、低ければ オスです。地球の 温度が これから もっと 上がったら、オスの ウミガメは 生まれなく なります。そして、ウミガメは この 地球から いなく なって しまうでしょう。

Q 퀴즈 도전하기!   ○ですか。×ですか。

① (　　) 卵の 中に いる とき、暑かったら、オスは 死んで しまいます。
② (　　) 地球の 温度が これからも 上がったら、ウミガメは いなく なるでしょう。

독해 지문&퀴즈 해석

동물의 수컷(남)과 암컷(여)의 수는 대개 1:1이 됩니다만, 지금 수컷 바다거북이 (수가) 적어지고 있습니다. 2017년에 호주에서 조사했을 때는 바다거북의 99%가 암컷이었습니다. 이것은 지구의 온도가 높아져 있기 때문입니다. 바다거북은 알 속에 있을 때 주변 장소의 온도로 수컷인지 암컷인지가 결정됩니다. 온도가 높으면 암컷이고, 낮으면 수컷입니다. 지구의 온도가 앞으로 더욱 오른다면 수컷 바다거북은 태어나지 않게 됩니다. 그리고 바다거북은 이 지구에서 없어져 버릴 것입니다.

퀴즈 도전하기! O인가요? X인가요?

① 알 속에 있을 때, 더우면 수컷은 죽어 버립니다.
② 지구의 온도가 앞으로도 오른다면 바다거북은 없어질 것입니다.

어휘

動物 동물 | オス 수컷 | メス 암컷 | 数 수, 수량 | だいたい[大体] 대개 | 今 지금 | ウミガメ 바다거북 | 少ない 적다 | ~年 ~년 | オーストラリア 호주 | 調べる 조사하다, 알아보다 | パーセント 퍼센트(%) | 地球 지구 | 温度 온도 | 高い 높다 | 卵 알 | 中 속 | いる (사람, 동물이) 있다 | まわり[周り] 주위, 주변 | 場所 장소 | 決まる 결정되다 | 低い 낮다 | もっと 더, 더욱 | 上がる 오르다 | 生まれる 태어나다 | 暑い 덥다 | 死ぬ 죽다

DAY 56 勉強と音楽 공부와 음악

テレビや スマホを 見ながら、勉強は できませんね。では、音楽は どうでしょうか。好きな 音楽を 聞いたら リラックスできるから、音楽を 聞きながら 勉強する ことは いいと 思う 人も いるでしょう。でも、勉強する ときは、静かな 場所が いいのです。

勉強を 始めたら すぐに 疲れて しまう 人は、海や 川や 木の 葉などの 音を 聞きながら、勉強して みて ください。自然の 音を 聞きながら 勉強したら、リラックスできて、いいですよ。

Q 퀴즈 도전하기! 〇ですか。×ですか。

① (　　　) 勉強する ときは、何も 聞いては いけません。

② (　　　) 海や 川の 音を 聞きながら 勉強すると、リラックスできます。

독해 지문&퀴즈 해석

TV나 스마트폰을 보면서 공부는 할 수 없을 것입니다. 그렇다면, 음악은 어떨까요? 좋아하는 음악을 들으면 릴랙스할 수 있기 때문에 음악을 들으면서 공부하는 것은 괜찮다고 생각하는 사람도 있을 것입니다. 하지만 공부할 때는 조용한 장소가 좋습니다.

공부를 시작하면 금방 지쳐 버리는 사람은 바다나 강이나 나뭇잎 등의 소리를 들으면서 공부해 보세요. 자연의 소리를 들으면서 공부한다면 릴랙스할 수 있어서 좋습니다.

Q 퀴즈 도전하기! O인가요? X인가요?

① 공부할 때는 아무것도 들어서는 안 됩니다.
② 바다나 강의 소리를 들으면서 공부하면 릴랙스할 수 있습니다.

어휘

テレビ TV | スマホ 스마트폰 | 見る 보다 | 勉強 공부 | では 그렇다면, 그럼 | 音楽 음악 | 好きな 좋아하는 | 聞く 듣다 | リラックスできる 릴랙스할 수 있다 | 思う 생각하다 | 静かな 조용한 | 場所 장소 | 始める 시작하다 | すぐに 금방 | 疲れる 지치다, 피곤하다 | 海 바다 | 川 강 | 木の葉 나뭇잎 | 音 소리 | 自然 자연 | 何も 아무것도

DAY 57 ダウンロード 다운로드

DAY_57

■ **練習問題の ご案内**
れんしゅうもんだい　あんない

この 教科書には 練習問題が あります。パソコンを 使う 方は ホームページ
きょうかしょ　　れんしゅうもんだい　　　　　　　　　　つか　かた
から ダウンロードが できます。スマートフォンを 使う 方は「HASK」アプリ
　　　　　　　　　　　　　　　　　　　　　　　つか　かた
から ダウンロードが できます。

(「HASK」の 使い方の 説明も ホームページに あります。)
　　　　つか　かた　せつめい

ダウンロードの パスワードは H200915RS です。

【公式ホームページ】 http://www.haskxx.com/rensyu1
　こうしき

Q 퀴즈 도전하기!　〇ですか。×ですか。

① (　　) アプリが なければ、スマートフォンで 問題が ダウンロードできません。
　　　　　　　　　　　　　　　　　　　　　もんだい

② (　　) パソコンで 問題を ダウンロードする とき、パスワードを 使いません。
　　　　　　　　もんだい　　　　　　　　　　　　　　　　　　　　　つか

독해 지문&퀴즈 해석

■ **연습문제 안내**

이 교과서에는 연습문제가 있습니다. 컴퓨터를 사용하는 분은 홈페이지에서 다운로드를 할 수 있습니다. 스마트폰을 사용하는 분은 'HASK' 앱에서 다운로드를 할 수 있습니다.
('HASK'의 사용법에 관한 설명도 홈페이지에 있습니다.)
다운로드의 패스워드는 H200915RS입니다.
【공식 홈페이지】 http://www.haskxx.com/rensyu1

Q 퀴즈 도전하기! O인가요? X인가요?

① 앱이 없으면 스마트폰에서 문제를 다운로드할 수 없습니다.
② 컴퓨터에서 문제를 다운로드할 때, 패스워드를 사용하지 않습니다.

어휘

練習問題(れんしゅうもんだい) 연습문제 | 案内(あんない) 안내 | 教科書(きょうかしょ) 교과서 | パソコン 컴퓨터 | 使う(つかう) 사용하다 | 方(かた) 분(사람) | ホームページ 홈페이지 | ダウンロード 다운로드 | できる 할 수 있다 | スマートフォン 스마트폰 | アプリ 앱 | 使い方(つかいかた) 사용법 | 説明(せつめい) 설명 | パスワード 패스워드 | 公式(こうしき) 공식 | 問題(もんだい) 문제 | とき[時] 때

LEVEL 3 **131**

DAY 58 理由と状況 이유와 상황

🎧 DAY_58

Q1 퀴즈 도전하기! 上田くんは どうして 来ませんでしたか。（　　）

a 連絡を しなかったから　　b スマホを 忘れたから
c おなかが 痛かったから　　d 今 起きたから

Q2 퀴즈 도전하기! 「今度は いっしょに 行こうね」は、いっしょに どこへ 行きますか。

독해 지문&퀴즈 해석

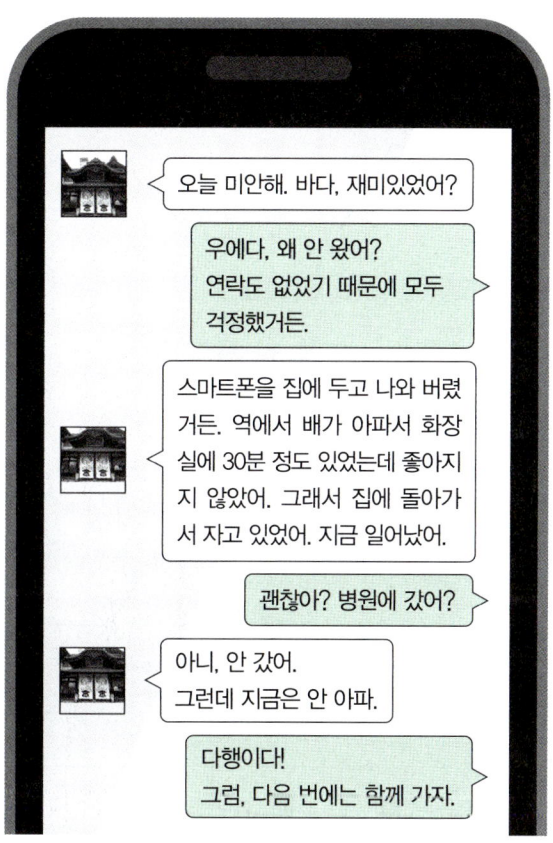

- 오늘 미안해. 바다, 재미있었어?
- 우에다, 왜 안 왔어? 연락도 없었기 때문에 모두 걱정했거든.
- 스마트폰을 집에 두고 나와 버렸거든. 역에서 배가 아파서 화장실에 30분 정도 있었는데 좋아지지 않았어. 그래서 집에 돌아가서 자고 있었어. 지금 일어났어.
- 괜찮아? 병원에 갔어?
- 아니, 안 갔어. 그런데 지금은 안 아파.
- 다행이다! 그럼, 다음 번에는 함께 가자.

Q1 퀴즈 도전하기! 우에다는 왜 오지 않았나요?

a 연락을 안 했기 때문에
b 스마트폰을 두고 나왔기 때문에
c 배가 아팠기 때문에
d 지금 일어났기 때문에

Q2 퀴즈 도전하기! '다음 번에는 함께 가자'는 함께 어디에 가나요?

어휘

今日 오늘 | ごめんね 미안해 | 海 바다 | 楽しい 즐겁다 | 連絡 연락 | 心配 걱정 | スマホ 스마트폰 | 忘れる 두고 나오다 | 駅 역 | おなか 배(복부) | 痛い 아프다 | トイレ 화장실 | 帰る 돌아가다 | 寝る 자다 | 今 지금 | 起きる 일어나다 | だいじょうぶな[大丈夫な] 괜찮은 | 病院 병원 | 行く 가다 | 今度 다음 번 | いっしょに[一緒に] 함께

DAY 59 カルチャーセンター 문화센터

Q 퀴즈 도전하기! どの クラスが いいですか。

① 大学生の 上田さんは ヨガを 始めようと 思って います。

授業は 平日 午前 9時から 午後 5時までです。

週末は 午前 11時から 午後 8時まで アルバイトです。（　　）

a　水曜日・夜　　b　木曜日・午後　　c　土曜日・午前　　d　日曜日・夜

② 中村さんは 将棋を 習いたいと 思って います。

中村さんの 仕事は 午後 4時から 午後 11時までです。

休みは 火曜日と 水曜日です。（　　）

a　月曜日・午後　　b　木曜日・夜　　c　金曜日・午前　　d　土曜日・夜

つなぐカルチャーセンター

	月	水	木	金	土	日
10:30～12:00	パソコン	書道	バレエ	将棋	ヨガ	英会話
16:30～17:30	将棋	英会話	ヨガ	パソコン	書道	バレエ
19:00～20:30	英会話	ヨガ	将棋	書道	将棋	ヨガ

- 毎週 1回（一か月 4回）
- 一か月 10,000円
- 16:30～17:30は 小学生の クラス

※火曜日 定休

독해 지문&퀴즈 해석

Q 퀴즈 도전하기! 어느 강좌가 좋나요?

① 대학생인 우에다 씨는 요가를 시작하려고 생각합니다.
수업은 평일 오전 9시부터 오후 5시까지입니다.
주말에는 오전 11시부터 오후 8시까지 아르바이트입니다.

a 수요일·밤   b 목요일·오후   c 토요일·오전   d 일요일·밤

② 나카무라 씨는 장기를 배우고 싶다고 생각합니다.
나카무라 씨의 업무는 오후 4시부터 오후 11시까지입니다.
휴일은 화요일과 수요일입니다.

a 월요일·오후   b 목요일·밤   c 금요일·오전   d 토요일·밤

쓰나구문화센터

	월	수	목	금	토	일
10:30 ~ 12:00	컴퓨터	서예	발레	장기	요가	영어 회화
16:30 ~ 17:30	장기	영어 회화	요가	컴퓨터	서예	발레
19:00 ~ 20:30	영어 회화	요가	장기	서예	장기	요가

- 매주 1회(1개월 4회)
- 1개월 10,000엔
- 16:30~17:30은 초등학생 강좌

※화요일 정기 휴일

어휘

大学生 대학생 | **ヨガ** 요가 | **始める** 시작하다 | **授業** 수업 | **平日** 평일 | **午前** 오전 | **午後** 오후 | **週末** 주말 | **将棋** 장기 | **習う** 배우다 | **仕事** 일, 업무 | **休み** 휴일 | **カルチャーセンター** 문화센터 | **パソコン** 컴퓨터 | **書道** 서예 | **バレエ** 발레 | **英会話** 영어 회화 | **毎週** 매주 | **~回** ~회 | **一か月** 1개월 | **小学生** 초등학생 | **定休** 정기 휴일

DAY 60 料理教室 요리학원

Q 퀴즈 도전하기!

女の人と 男の人が 料理教室の パンフレットを 見て います。
女の人が 入ろうと 思って いる クラスは どれですか。　(　　)

a　和食①　　b　和食②　　c　洋食①　　d　洋食②

つなぐ料理教室

和食①	土 14:00〜16:00	かんたんな 料理を 練習する クラスです。
和食②	金 17:00〜19:00	お正月など、特別な ときの 料理を 作る クラスです。
洋食①	水 19:00〜21:00	いろいろな 国の 料理と デザートを 作ります。
洋食②	土 10:00〜12:00	ピザや スパゲッティーなど イタリア料理を 練習します。

독해 지문 & 퀴즈 해석

Q 퀴즈 도전하기!

여자와 남자가 요리학원의 팸플릿을 보고 있습니다.
여자가 들어가려는 생각하는 강좌는 어느 것인가요?

a 일식①   b 일식②   c 양식①   d 양식②

쓰나구요리학원

일식①	토 14:00 ~ 16:00	간단한 요리를 연습하는 강좌입니다.
일식②	금 17:00 ~ 19:00	설날 등, 특별한 때의 요리를 만드는 강좌입니다.
양식①	수 19:00 ~ 21:00	다양한 나라의 요리와 디저트를 만듭니다.
양식②	토 10:00 ~ 12:00	피자나 스파게티 등 이탈리아 요리를 연습합니다.

어휘

女の人 여자 | 男の人 남자 | 料理 요리 | ~教室 ~학원 | パンフレット 팸플릿 | 見る 보다 | 入る 들어가다 | 思う 생각하다 | 和食 일식 | 洋食 양식 | かんたんな[簡単な] 쉬운, 간단한 | 練習 연습 | お正月 설날 | 特別な 특별한 | 作る 만들다 | いろいろな 다양한 | 国 나라 | デザート 디저트 | ピザ 피자 | スパゲッティー 스파게티 | イタリア 이탈리아

日本語 読解
일본어 독해

1

특별 부록

✓ 퀴즈 도전하기 정답&스크립트

퀴즈 도전하기 정답&스크립트

DAY 01-1

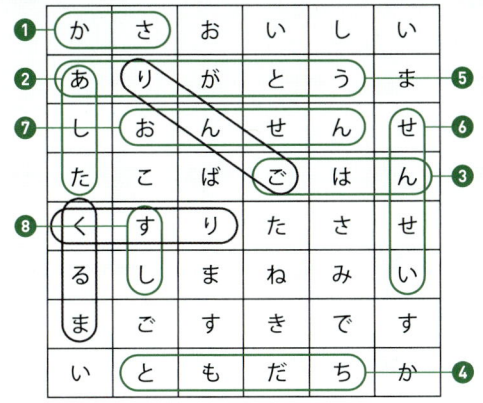

DAY 01-2

DAY 02-1

① b　宮城は あめです。
　　　みやぎ

② a　広島は はれです。
　　　ひろしま

③ b　愛知は くもりです。
　　　あいち

DAY 02-2

① 60%

② 21℃ ～ 27℃

DAY 03

① e　② b　③ a

④ d　⑤ c

DAY 04

① ×　② ○

DAY 05

① ×　② ×

DAY 06

① おちゃ － 中国 － 1200年ぐらい まえ
　　　　　　ちゅうごく　　ねん

② こうちゃ － イギリス － 140年ぐらい まえ
　　　　　　　　　　　　ねん

③ コーヒー － オランダ － 300年ぐらい まえ
　　　　　　　　　　　　ねん

DAY 07

1,400円
　　　えん

DAY 08

b

DAY 09

a　大川さん
　　おおかわ

b　本田さん
　　ほんだ

c　田中さん
　　たなか

d　山下さん
　　やました

DAY 10
① 4月18日 土よう日
② 10時25分

DAY 11
d

DAY 12
c

＊＊＊＊＊＊＊＊＊＊＊＊＊＊＊＊＊

Q 男の人は どの 本を 買いますか。

M：すみません。

F(店員)：いらっしゃいませ。

M：あのう、『ちいさい がっこう』は どこに ありますか。

F(店員)：『ちいさい がっこう』ですね。こちらです。

M：あ、ありがとうございます。
　　じゃあ、これ、ください。

F(店員)：はい。ありがとうございます。

> **스크립트**
> M：저기요.
> F(점원)：어서 오세요.
> M：저어, '작은 학교'는 어디에 있나요?
> F(점원)：'작은 학교' 말씀이시군요. 이쪽입니다.
> M：아, 감사합니다. 그럼, 이것 주세요.
> F(점원)：네. 감사합니다.

DAY 13
① b　② d　③ c

DAY 14
① 山田さん：さくら駅
　 リさん：みどり駅
② 電車で みどり駅へ 行きます。

DAY 15
b, c

DAY 16
① ○　② ×

DAY 17
① にくと やさい　② 飲みもの
③ にくと やさい　④ くだもの

DAY 18
① 7月25日（土曜日）
② 3,000円

DAY 19
サンドイッチ

DAY 20
① ×　② ×

DAY 21
6月, 12月

DAY 22
① にぎやかな 町です。
② べんきょうの 神さまの 神社ですから。

DAY 23
b

DAY 24
c

＊＊＊＊＊＊＊＊＊＊＊＊＊＊＊＊＊

Q 女の人と 男の人が レストランに います。女の人は どれを 食べましたか。

F：あ、デザートが 来ましたよ。いただきます。

ん―、おいしい。

M：あのう、私のも 食べませんか。
私は ステーキを 食べましたから、おなかが いっぱいで…。

F：ありがとうございます。
でも、私も おなかが いっぱいです。大きい サラダが ありましたから。ああ、おいしかった。ごちそうさまでした。

> **스크립트**
> F : 아, 디저트가 왔어요. 잘 먹겠습니다.
>   음~, 맛있다.
> M : 저기, 제 것도 먹지 않을래요?
>   저는 스테이크를 먹었더니 배가 불러서….
> F : 감사해요.
>   그런데 저도 배가 불러요. 큰 샐러드가 있었거든요.
>   아~, 맛있었다. 잘 먹었습니다.

DAY 25

① c　② a　③ d　④ b

DAY 26

c

DAY 27

a

DAY 28

① ×　② ×

DAY 29

① 1) C市　2) B市
② 1) B市　2) A市

DAY 30

① タンさん

② (キムさんと ラマさんと マリーさんと いっしょに) カラオケに 行きました。

DAY 31

b

DAY 32

c → d → b → a

DAY 33

① e　② d　③ a

DAY 34

b

DAY 35

b

DAY 36

c

* * * * * * * * * * * * * * * * * * *

Q 女の人と 男の人が ネットショッピングの サイトを 見て います。二人の 買い物は 全部で いくらですか。

F：ねえ、新しい パソコンが ほしいな。
これ、どうかな？

M：50,000円？ 安いね。ぼくは テレビ、買いたいな。うちの テレビ、小さいから。

F：55インチの テレビ、いいねえ。でも、テレビと パソコンで、13万円…。ちょっと 高いなあ。うーん…、あ、私、パソコンじゃなくて、この タブレットに する。

M：ああ、その タブレット、とても いいよ。
じゃあ、それと これだね。

F：うん、そうだね。

> **스크립트**
>
> F : 저기, 새로운 컴퓨터를 갖고 싶어.
> 　　이것, 어떨까?
> M : 50,000엔? 저렴하네. 나는 TV 사고 싶어. 우리 집 TV 작거든.
> F : 55인치 TV 좋네. 그런데 TV하고 컴퓨터 해서 13만 엔…. 좀 비싸네. 음…, 아! 나는 컴퓨터가 아니라 이 태블릿으로 할래.
> M : 아~, 그 태블릿, 너무 좋아.
> 　　그럼, 그것하고 이것이네.
> F : 응, 그렇네.

DAY 37

c

DAY 38

① ×　② ×

DAY 39

① c　② a　③ b

DAY 40

① ×　② ○

DAY 41

e → d → b → c → a

DAY 42

① 南公太さんと 高田ゆなさん(高校生)
② 女の子の 家族と 女の子

DAY 43

b → d → a → c

DAY 44

a, b, c

DAY 45

① アンちゃん
② さきちゃんが さきちゃんの お姉さんに 聞きます。

DAY 46

モーモー

DAY 47

d

DAY 48

d

＊＊＊＊＊＊＊＊＊＊＊＊＊＊＊＊＊

Q デパートで 男の人と 女の人が 話して います。二人は この 後、どこへ 行きますか。

M : 買い物は 全部 終わったね。ああ、疲れた。コーヒー、飲みたいな。
F : あ、ちょっと 待って。ワイン 買った とき、この チケット、もらったの。
M : へえ。クリスマスプレゼントか。どれに する?
F : 本当は アクセサリーが ほしいけど…。でも、来週の クリスマスパーティーの とき、みんなで 使う ものが いいかなあ。
M : ああ、そうだね。じゃあ、受付で プレゼント もらって、コーヒーは それからだね。

> **스크립트**
>
> M : 쇼핑은 전부 끝났네. 아~, 피곤하다. 커피 마시고 싶네.
> F : 아, 잠깐 기다려 봐. 와인 샀을 때, 이 티켓 받았어.
> M : 우와. 크리스마스 선물인가? 어느 것으로 할래?
> F : 사실은 액세서리를 갖고 싶은데…. 하지만, 다음 주의 크리스마스 파티 때 다같이 사용할 물건이 좋을 것 같아.
> M : 아~, 그렇네. 그럼, 접수처에서 선물 받고, 커피는 그 다음이네.

DAY 49

e → a → c → b → d

DAY 50

b

DAY 51

① ○　② ×

DAY 52

① b　ツナGは 薬では ありません。
② a　ツナGを 飲んだら、あたたかく なります。

DAY 53

① ○　② ×

DAY 54

① ○　② ×

DAY 55

① ×　② ○

DAY 56

① ×　② ○

DAY 57

① ○　② ×

DAY 58

Q1 ① c
Q2 ② 海へ 行きます。

DAY 59

① a　② c

DAY 60

c

＊＊＊＊＊＊＊＊＊＊＊＊＊＊＊＊＊＊＊

Q：女の人と 男の人が 料理教室の パンフレットを 見て います。女の人が 入ろうと 思って いる クラスは どれですか。

F：来月から この 料理教室に 行こうと 思ってるんです。

M：へえ、ちょっと 見せて ください。
　料理が できないから、僕も 習いたいなあ。

F：簡単な 料理の クラスも ありますよ。

M：ゆりさんは どの クラスですか。
　もうすぐ お正月だから、この クラスですか。

F：いいえ。仕事が 6時までなので、その 時間は 間に 合わないんです。

M：じゃあ…、イタリア料理が 好きだから、この クラスかな？

F：いいえ、こちらです。ピザとか スパゲッティーは 勉強した ことが あるんです。

M：ああ、いろいろな 料理が 勉強できて、いいですね。

스크립트

F : 다음 달부터 이 요리학원에 가려고 해요.
M : 우와, 좀 보여 주세요.
　요리를 못하니까 저도 배우고 싶네.
F : 간단한 요리 강좌도 있어요.
M : 유리 씨는 어느 강좌예요?
　이제 곧 설날이니까 이 강좌인가요?
F : 아니요. 일이 6시까지라서 그 시간에는 맞출 수 없어요.
M : 그럼…, 이탈리아 요리를 좋아하니까 이 강좌인가?
F : 아니요, 이것이에요. 피자라든가 스파게티는 공부한 적이 있거든요.
M : 아~, 다양한 요리를 공부할 수 있어서 좋네요.

시원스쿨닷컴